站起来的力量

孩子的
逆商养成计划

王亦君 / 著

中国铁道出版社有限公司
CHINA RAILWAY PUBLISHING HOUSE CO., LTD.

图书在版编目(CIP)数据

站起来的力量：孩子的逆商养成计划 / 王亦君著. — 北京：
中国铁道出版社有限公司, 2022.4
ISBN 978-7-113-28764-1

Ⅰ.①站… Ⅱ.①王… Ⅲ.①挫折教育－青少年读物
Ⅳ.①G44-49

中国版本图书馆CIP数据核字(2022)第012134号

书　　名：站起来的力量——孩子的逆商养成计划
　　　　　ZHAN QILAI DE LILIANG —— HAIZI DE NISHANG
　　　　　YANGCHENG JIHUA
作　　者：王亦君

责任编辑：王晓罡　杜思齐　　　编辑部电话：（010）51873345
封面设计：闻江文化
责任校对：安海燕
责任印制：赵星辰
封面插画：吴　越

出版发行：中国铁道出版社有限公司（100054，北京市西城区右安门西街8号）
网　　址：http://www.tdpress.com
印　　刷：国铁印务有限公司
版　　次：2022年4月第1版　2022年4月第1次印刷
开　　本：880 mm×1 230 mm 1/32　印张：6.5　字数：140千
书　　号：ISBN 978-7-113-28764-1
定　　价：52.00元

写在前面的话

近年来，青少年自杀和抑郁现象频频出现，而且呈越来越低龄化的趋势。然而，有不少选择极端的孩子，他们自杀的原因在成年人眼中都算不得什么大事。

比如，因为老师让自己重写作文，就委屈跳楼的五年级小学生廖可欣。再比如，因为被老师怀疑作弊而跳河的满分女孩。面对这些未曾绽放便逝去的生命，人们不禁要问：为什么现在的孩子都这么脆弱？孩子们到底出了什么问题？

如今，孩子们生活在一个信息爆炸的时代。他们的物质生活空前丰富，自然而然地，他们会把注意力更多地集中在精神层面上。他们需要被听见，被看见，需要更多的话语权。另外，他们的人际交往时间，或者说与同伴一起玩耍的机会又大幅地减少。

种种因素，都会导致孩子变得相对脆弱。这种脆弱是大环境和教养方式造成的，而简单粗暴的挫折教育不但不能解决问题，反而会把孩子从家长身边推开。

我接触过许多家庭，大部分家长都非常重视教育，在孩子身上花费了大量的时间、精力和金钱。毋庸置疑，每位父母都期望孩子能有一个美好的未来。然而，孩子的心理健康，不怕挫折的态度以及积极面对生活的心态是他们顺遂一生的前提保证。

心理健康的关键一点是孩子面对挫折和困难的态度。一个人面对挫折的态度，就叫逆商，或者挫折商。逆商高的孩子，哪怕一时陷入了低谷，他也可以慢慢走出来，开始攀登另一座高峰。而逆商低的孩子遇到困难则容易一蹶不振。

大多数父母都对孩子的身体健康、学习成绩、特长才艺等方面高度关注，却往往忽视了对孩子逆商的培养。

当孩子不能正视输赢，比赛一输就大发脾气时，有些父母会觉得，等孩子长大了就好了。

当孩子面对人际关系的挫折，心情低落时，有些父母会觉得老师、同学都只是暂时性的关系，等孩子升学了，自然就脱离了那个环境。

当孩子成绩不佳时，有些父母很少关注孩子的心理健康，他们会急着给孩子报各种辅导班，把提高孩子的成绩当成第一要务。

这些行为有时却是本末倒置的。殊不知，培养孩子的抗挫能力也尤为重要。无论是输赢还是功课，都是暂时的成绩，而孩子面对挫折的态度能在一定程度上决定他的耐力和恒心。

孩子逆商的高低，很大程度上取决于家庭环境。

在溺爱中长大的孩子，从小事事由父母包办，面对挫折时，他们往往显得软弱无能。

在打击教育中长大的孩子，胆小怯弱，遇到困难时，他们往往因为缺乏自信而不知所措。

常常被忽视的孩子，内心冷漠，他们往往采取逃避的方式来应对挫折。

培养孩子的逆商，需要父母付出极大的努力。不但在平时就要注意用正确的方式教育孩子，在孩子遇到挫折的时候，父母需要格外关注孩子面对困难时的反应。

面对处于困境中的孩子，父母既不要越俎代庖帮助孩子处理问题，也不要袖手旁观，完全不把孩子的困难当回事。父母要仔细观察孩子的处境，用心感受他们的情绪，聆听他们的真实想法。

同时，父母要无条件地包容孩子，支持孩子，给予他们对抗挫折的力量，在必要的时候，对孩子伸出援手，帮助孩子分析问题。

等到孩子走出困境后，父母要和孩子一同进行复盘，避免下次再犯同样的错误。

同时，父母还要对孩子进行"生命教育"，告诉他们在任

何情况下，生命都是最珍贵的，生命没有重来的机会，所以一定
要珍惜自己，也珍惜别人的生命。

教育是一门艺术，每一个用心的父母，都堪称艺术家。

德国哲学家雅斯贝尔斯在他的著作《什么是教育》中说："教
育就是一棵树摇动一棵树，一朵云推动一朵云，一个灵魂唤醒另
一个灵魂。"

在进行挫折教育的时候，父母一定要真正走进孩子的灵魂，
像对待幼苗一样，耐心细腻地对待孩子，帮助他们成为内心强大
的人。

我写这本书的目的，就是为了让更多的父母了解，要慎重
对待孩子遇到的挫折。一些在成年人看来微不足道的小事，对孩
子来说却十分严重。孩子的行为需要被看见，他们的内心和情绪
需要被聆听。

唯有这样，孩子面对挫折时才会越挫越勇，在人生路上才
能越走越远。

— 目录 —

第三章　家庭之中，父母真的做对了吗

第四章　学习成绩从不是全部

第七章

教会孩子
面对失败和分离

第八章

父母是孩子
站起来的力量

第一章

逆商：影响孩子未来人生的高度

世上没有绝望的处境，只有对处境绝望的人。

早在十多年前，智商和情商就已经为人们所熟知。前者代表了一个人智力水平的高低，而后者则代表了个人为人处世的能力。

然而近年来，心理学界开始越来越重视双商之外的另一个维度——逆商。

什么是逆商

人的一生难免会遇到起起伏伏。面对挫折，每个人的态度是不同的，所导致的结果也是不同的。逆商高的人，能在一次又一次跌倒之后站起来。只要最后能获得成功，前面所遇到的困难都不过是攀登过程中所遇到的风景。

因此逆商是一个人成功与否的重要能力之一。

☀ 逆商

逆商的全称是逆境商数（Adversity Quotient，简称AQ），它指的是人们面对逆境时所采取的反应以及摆脱困境、直面挫折的能力。

逆商是著名学者保罗·史托兹教授提出来的概念。AQ 和 IQ（Intelligence Quotient，智商）、EQ（Emotional Quotient，情商）被统称为3Q。心理学家认为，在智商、情商差别不大的情况下，逆商对于一个人的成就起到决定性的作用。

保罗·史托兹教授把逆商分成四个维度：

第一维度——控制感。当遇到挫折时，认为自己能够战胜困境的人，就是掌控感强的人；认为困境无可改变，自己无能为力的人，就是掌控感弱的人。

第二维度——起因和归责。遇到困难的时候，有的人喜欢将困难归结为外因，他们认为困境是因为外部因素造成的。有的人则喜欢将困难归结为内因，认为困境都是自己造成的，全是自己的错。

第三维度——影响范围。对于同样的挫折，有的人喜欢将影响范围无限扩大化，因为一次挫折就全盘否定自己。而有的人会就事论事，将挫折的影响范围聚焦在事件本身。

第四维度——持续时间。面对挫折，有的人有自信很快就能从逆境中走出来。而有的人则认为自己很难走出逆境，因此困难会持续很长一段时间。

事实上，逆境几乎是无可避免的。老话说："人生不如意者，十之八九。"人这一辈子，难免遇到些磕磕绊绊。事实上，人类从小婴儿时期起，就已经开始直面挫折了。每一个婴儿在进化成"爬行动物"的过程中，都会体会到许多挫折和打击。宝宝每习得一个大动作，都伴随着同挫折的"搏斗"。

女儿9个月大的时候，我曾偷偷观察过她学会站立的过程。她用小手努力抓着围栏，摇摇晃晃地站起来，又因为腿脚乏力而跌坐在地上。在没有外界干扰的状态下，她在半个小时里反反复复跌坐了不下三十多次，但她并没有放弃，反而一次又一次扶着栏杆站起来。

　　这就是人类最初的"逆商"，每一个孩子都是凭着这股不怕失败的劲儿，学会了站立和行走。然而从什么时候起，孩子不再像幼时那样直面挫折，不再通过一次又一次的尝试去正面反击挫折了呢？他们面对挫折时会哭泣，会发脾气，会回避甚至会一蹶不振。孩子面对挫折的态度与天生的性格脾气以及后天的家庭教育有关系。

☀ 成功不怕晚，只要有逆商

　　一个人不怕失败无数次，怕的是失败了就此放弃，进而失去了向上的动力。

　　曾经有个人说："失败有什么可怕的？成功有一次就够了。"说这句话的人一生中曾三番五次跌落谷底，但一次成功成就了他的一生，甚至成就了一个时代。

　　他5岁的时候，父亲病逝，家里一贫如洗，留下一家孤儿寡母。母亲不得不外出工作，他学会了独自做饭以及照顾弟妹。

　　12岁时母亲改嫁。继父对他动辄打骂。14岁时他就不得已辍了学，一个人在社会上闯荡。16岁时，他谎报年龄参加远征军，却在路上因为严重的晕船综合征而被遣返家乡。18岁时，他以为遇到了一生所爱，跟一个姑娘结了婚，没想到不到半年，妻子变卖了他所有的财产，远走高飞。20岁时，他换了无数工作，尝试过做电工、轮渡工人、铁路工人，每次都因为各种原因而做不下去。30岁时，他成了保险销售员，干得不错却因为提成和约定的不一样，愤而辞职。31 岁时，他开始自学法律，并当上了律师。32 岁，他因为在法庭上与当事人打架而丢了工作，生活又一次陷入了困窘。35 岁，他成了一名不错的轮胎推销员，可没想到开车经过一座大桥时，桥塌了，他连人带车跌落河中，身受重伤的同时也失了业。

40 岁这年，他在镇上开了一家加油站，却因为广告牌的缘故和竞争对手起了纠纷，打起了官司。47 岁时他又一次离婚，三个孩子对他颇多怨言。61 岁时，他参加参议员竞选，而终告失败。65 岁时，他的快餐店开得正好，却因为政府修路而不得不关门，他还被迫把所有设备低价抛售。66 岁，因为生活所迫，他依然在四处奔波，找餐馆推销自己的餐饮秘方。可没有人愿意搭理这个老头，据说两年时间里他被拒绝了 1009 次，直至第 1010 次才有人愿意加入他的连锁店。

75 岁，他以 200 万元转让了自己的品牌和专利，对方提议用股权来抵一部分售价，被他拒绝了。后来这家公司的股价大涨，他没能成为亿万富翁。83 岁这年，他不服老，又开了一家快餐店，但是因为之前出售了商标而跟人打起了官司。88 岁时，他赢了官司，这一次他的形象遍布世界，他本人也成了一名亿万富翁。

这个人就是肯德基的创始人哈兰·山德士上校。如今我们到处可见那个憨态可掬的白胡子老爷爷的形象就是他本人。有谁会想到他灿烂笑容的背后，是如此坎坷的一生？

他有无数理由被挫折打败，但他从未曾放弃。虽然成功来得有点晚，可谁说一直走在追寻成功的路上就没有意义呢？

唯有能经历大风大浪之人，才能无惧命运给出的任何考题。高逆商的人无论何时都有逆风翻盘的可能。

云南红塔集团的前董事长褚时健，曾经叱咤商海，当选过全国"十大改革风云人物"，在云南是个响当当的人物。

然而71岁时，褚时健因为经济问题锒铛入狱。这个年纪的人跌得这么重，当时没有人认为褚时健能逆风翻盘。没想到74岁的褚时健保外就医时和妻子承包了一座荒山，开始了二次创业。85岁这一年他种的"褚橙"登上了电商销量榜。褚时健本人也东山再起，再次当选了云南省商会名誉理事长。

面对困境，不服老，不认输，这就是逆商高的表现。逆商越高的人，越是"好命"。因为无论命运发给他们什么牌，他们总有站起来的勇气。与之相对，逆商低的人，往往拿了一手好牌，偶一失手，就会一怒之下，掀翻牌桌。

80后青年企业家茅侃侃就是这样一个人。他出生于1983年，21岁就创业成功，担任Majoy的总裁，同时又是GTV（游戏竞技频道）的副总裁，可以说"春风得意马蹄疾，一日看尽长安花"。

2015年，茅侃侃与万家文化成立合资电竞公司，这一次他没能再续辉煌，万家出现了严重的亏损。2018年春节前，茅侃侃选择了自杀。这一年，他 35 岁。

35 岁，正当而立之年。一个 35 岁并有着丰富创业经验的年轻人，即便遭受了挫折，也应有勇气爬起来继续前行。跟褚时健 71 岁时被没收了全部家产，自己又身陷囹圄相比，茅侃侃的挫折便有些相形见绌。可是因为抗压能力较差，受了挫折后，茅侃侃便放弃了宝贵的生命。一旦失去生命，就是真正的万事皆休，再无可能翻盘。

身为创业者，茅侃侃应该知道，大多数创业成功者一生中都或多或少有过失败经历。拥有高逆商的人，即便遭到挫折也能不断前行，坚持到底，不放弃才会有机会东山再起。而一旦被失败打倒，心灰意冷，甚至放弃生命，那就什么都没有了。

同样是面对困境，逆商高的人想的是如何解决问题，走出困境。对他们来说，任何情况都不存在无法翻身的定论。逆商高的人始终坚信，困难只是一时的，逆境的持续时间不会持久，影响范围也并不会无限扩大化。抱着这样的理念和决心，他们总能走出困境，从人生的低谷走向另一个高峰。

而逆商低的人，会试图把困难的影响扩大化，进而否定自己的价值。对于他们来说，成功只是一时的，因为逆境总是难免的。无论是 20 岁、30 岁、40 岁、50 岁……一旦遇到，他们就很容易趴在谷底爬不起来。

比起高情商和高智商，高逆商的人是那个更经得起考验的人。情商和智商只能决定人生的速度，逆商却决定了人生的高度。正如那个我们耳熟能详的故事——龟兔赛跑。兔子有多快，乌龟有多慢，这都不重要。重要的是无论兔子领先了多远，面对九成九会失败的局面，乌龟没有放弃，没有气馁，坚持走到了最后。

聪明的家长会想办法提高孩子的逆商。逆商高的人，总不会太差。

孩子输不起，他在怕什么

很多家长反映说自己孩子总是输不起。只要是有输赢的项目，如果孩子输了，就会大喊大叫，大哭大闹，令人很是头疼。

☀ 输不起的孩子

7岁的军军最近学会了下象棋，每天都缠着爸爸要下几盘。为了提高军军下棋的兴趣，爸爸经常"留一手"，故意让儿子赢。结果有一次来了一个10岁的小哥哥也会下象棋，两个人下了一局后军军输了。结果军军哭得一塌糊涂，把棋盘都打翻了，场面一度十分尴尬。

后来军军爸爸发现，儿子十分输不起，只要一输，不是哭就是要赖，越是输，情绪越是激动。爸爸也不知道该怎么办才好。

像军军这样的孩子并不是个例，很多孩子在比赛中输了，或者成绩不理想，都会大受打击。小一点的孩子会直接用"哭泣"或者"要赖"来表达不甘心，大一点的孩子可能会把自己关在屋里生闷气，或者冲父母发脾气。

8岁的小可是个骄傲的女孩子。她不允许别人表现得比她好，一听到老师表扬别的同学就会不由自主地嗤之以鼻。小可从小学习中国舞，她每次在电视上看到别人表演中国舞，总是说别人跳得没她好。如果爸爸妈妈不附和她，她还会大发雷霆。

为什么孩子会输不起呢？

原因很复杂，有的孩子天生要强，追求完美，也就是性格使然。有的家庭教育不给孩子"输的余地"，让孩子不肯输也不敢输。有的孩子是到了争强好胜的年龄，不愿输，这个情况是阶段性的。无论如何，一个输不起的孩子都是令父母觉得头痛的，除了脾气比较暴躁外，他们甚至难以面对挫折，进而轻易否认事实。

☀ "争强好胜"和"输不起"是两回事

父母首先要清楚一点，争强好胜是孩子的天性，好胜心强不是一个缺点，胜负心有时候也代表了上进心。有时想要取得胜利的态度就是孩子追求进步的动力。"想赢"并没有错，问题是"怕输"。

从心理学角度看，孩子在 15~24 个月的时候就开始逐渐产生"自我意识"。他们的社会情绪能力逐渐发展，渐渐由"自我意识"发展到"自我评价"，开始了解到自己和别人是完全不同的个体，并学着通过其他人对自己的评价，来决定自我价值。

随着孩子年龄的增长，孩子的情绪逐渐复杂化，除了高兴、生气、伤心、快乐之外，还会演化出"嫉妒""骄傲""害羞""愧疚"等情绪，这其中也包括了"争强好胜"和"输不起"。

几乎每个孩子在成长过程中都会出现类似"不想输"和"只想赢"的情绪，这种情绪在孩子 6 岁左右达到巅峰。所以一般 6 岁左右的孩子，特别容易出现"怕输"和耍赖皮的情绪。如果放着不管，一些孩子也会渐渐接受"我也会输"这个事实，顺利过渡到"能赢也能输"的阶段。

☀ 不让孩子犯错的社会环境，让孩子更加输不起

过了 6 岁这个对输赢特别敏感的年龄后，有的孩子可以正确面对输赢。有的孩子却依然被困在"不能输""不敢输"的黑洞里。这其实和父母、老师以及周边人营造的社会环境大有关系。

杨澜在接受采访时曾经说过一段令人深思的话。她的女儿之前在北京的公立小学念书，后来转到了国际学校。转学一段时间后，她有次跟女儿闲聊时，就问孩子："你觉得两个学校在教育方式上，有什么显著的差异？"她女儿就回答："之前，老师总是反复强调，让学生别犯错，而现在老师总是鼓励学生'别怕犯错'。"

杨澜听后十分感慨，如果学校的老师都不让孩子犯错，那孩子肯定就不能接受失误，必然就会造成孩子"输不起"的心态。

除了学校对孩子的影响，家庭对孩子的心理影响也非常大。如果爸爸妈妈仔细回忆一下自己平时爱对孩子说的话，也许自然就能找到答案了。

"宝贝，你是最棒的，你一定能做得很好。"

"差一点就赢了呢，真可惜。"

"你看看小红，人家就做得很好啊！"

"咱们下次一定赢！"

"没关系，咱们只是运气不好！"

这些看似鼓励，又似安慰的话，实际上背后都释放了一个鲜明的信号：赢比输好。一定要赢。

孩子是很敏感的，他们天生自带情绪感应天线，很清楚父母到底在期待什么。他们也很容易进行自我暗示，把父母的期待变成自己的目标。经常受到暗示的孩子，便容易变得"输不起"。

另一种容易培养出"怕输"的孩子的父母，是在对战游戏中总是故意输给孩子的父母。孩子在 6 岁的时候确实很不容易接受自己输了的事实，但如果父母因此对孩子让步，一直故意输给孩子，久而久之，孩子就会"视赢为理所当然"的事，也没有了锻炼"接受输"的能力的空间。更糟糕的是，当孩子过分在意输赢这件事之后，他甚至不会注重赢的过程。换句话说，无论他的水平离真的获胜有多大的差距，他都必须要赢。

最后一种会养出"输不起"孩子的父母是拿自己孩子跟别的孩子攀比，甚至直接在孩子输的时候对孩子进行打击的父母。

河南洛阳就有一位妈妈，因为孩子考试成绩不到 95 分，在车上对孩子打骂一通后还不解气，最后直接把孩子扔在了高速公路路口。

有的父母虽然做不出这么极端的行为，但每次当孩子成绩不好，或者表现不好时，就会口头威胁孩子要把孩子抛弃了。

久而久之，孩子会养成对输的强烈恐惧。他们把父母的恶言恶语内化成了心理压力，根本没办法接受自己可能会输，以及能力"不足"的事实。

人生路漫漫，有赢就有输，没有人能一直赢，输不起的孩子，只会将自己的路越走越窄。父母不但要鼓励孩子不怕输，更要让孩子能坦然接受失败。只有敢输的孩子才会赢得更多。

面对困境，鼓励孩子勇往直前

孩子在比赛中输了，考试中成绩不理想，就会陷入失落中，这时候他的心情是很难受的。此时盲目鼓励孩子容易陷入两个误区。

第一个误区，父母不能体会到孩子沮丧的心情，你的鼓励之语，会让孩子觉得十分刺耳。

9岁的玲玲为了能选上班长，精心准备了很久。她花了很多时间写了一篇竞选稿，并把它一字不差地背出来，没想到还是没能选上。玲玲沮丧极了，一到家，放下书包就开始哭，晚饭都不肯吃。

妈妈看到玲玲这么伤心就安慰她："有什么好哭的，咱们玲玲这么优秀，他们不选你是他们的损失。下次咱们肯定能选上，快来吃饭吧！"没想到玲玲听了哭得更大声了。在她听来，妈妈完全没安慰到点上。

开口第一句话"有什么好哭的"，直接否定了孩子的情绪，孩子的伤心在父母眼里是没有必要的。让孩子产生一种父母说了半天，不过是想哄自己去吃饭的想法。

其次父母再怎么肯定她的优秀，也改变不了孩子竞选班长失利的事实。父母武断地认为孩子下回能选上班长，却连这次究竟为什么失利都没有帮她分析，玲玲能感觉得到父母的安慰只是口头上的，他们完全不能体会她的沮丧，不能真诚地跟她共情。这种低质的安慰自然就只能起到火上浇油的作用了。

第二个父母安慰孩子容易陷入的误区，是父母总是试图把孩子的失败归咎到运气和其他外在因素上。父母认为这样孩子就会觉得容易接受了。殊不知这样一来孩子养成了"向外归因"的习惯，也就不可能得到真正的成长历练了。

8岁的小龙在柔道上很有天赋，刚学半年就被老师推荐参加了比赛。他的个子长得比同龄人高，力气又大，底盘很稳，具备学柔道的天赋。这次他在老师和父母的陪同下进行跨区比赛，他一直保持着优势，本以为是十拿九稳的比赛，没想到因为对手做了一个假动作导致他失误了，身体失去了重心，摔倒在地，输了比赛。

从赛场上下来小龙就一直闷闷不乐，连教练跟他说话，他都心不在焉。妈妈买了小龙最爱吃的冰激凌，也不见儿子露出笑颜，就安慰他说，小龙一定是因为不熟悉这边的比赛场地才会失利的，明明他一开始都占有极大的优势。

小龙这才慢慢释怀。可是此后，只要比赛失利，妈妈就得想尽办法找理由安慰他，比如：场馆太吵；对手啦啦队加油的声音太大；衣服带子没系好；手上出汗了，等等。久而久之，小龙不但在柔道输了后找借口，就连考试考差了、打牌打输了都开始找理由。只要是输了，小龙就认为是别人的错，甚至是老天的错，总之不是自己的错。

安慰孩子不等于主动替孩子找借口。失败是可以让孩子成长的。总是替孩子找理由相当于为小苗苗搭建了遮雨棚。这么做固然能避免幼苗被狂风骤雨打坏，却也让它从此以后再也经不起风霜雨雪了。

父母应该真诚地鼓励孩子面对困境，做到"不怕输，输不怕"。首先家长们要让孩子明白，输和赢不是对立的。赢能让孩子获得自信，输也能让孩子得到成长。如果一个孩子只体验过"赢"的优越感，却没尝过失败的味道，那么将来他受到挫折的时候，一定更难爬起来继续前行。

父母可以在孩子每次受到挫折的时候，帮助孩子分析错误的原因。注意不要过分强调"输"这个结果，而要分析过程中有什么值得总结、借鉴以及可以加以改进的地方，把孩子对输赢的关注引到努力的过程上来。

其次父母要注重培养孩子的成长型思维。斯坦福大学心理学家卡罗尔·德韦克在其著作《终身成长》中提出了人的思维模式分为固定型思维和成长型思维两种。

所谓固定型思维模式就是认为人的能力和特质是天生的，后天难以改变。比如，聪明的人就一直聪明，笨的人就一直笨。

与之相反，成长型思维的人则认为人的任何能力和技能都可以通过后天努力加以改善。他们通常更乐于接受挑战，并积极通过总结和努力来提升自己的能力和技能。

在对待输赢上，固定型思维模式的人通常特别害怕失败，他们总是担心被嘲笑和否定。因为一旦被贴上"我不行"的标签，他们就会陷入深深的无力感之中，觉得自己再怎么努力都无法改变现状。

而成长型思维的人输了，则会更加坚韧。他们认为挑战可以帮助自己成长，就算输了也能找到改进的方向，从而不断取得进步。

面对考试不及格的情况，固定思维模式的孩子会认为，"我太笨了，我总是考得不好，成绩这么差，太丢人了"。而成长型思维模式的孩子则会认为，"这次考的都是我不会的，我把它们都弄懂，那么下次就能考好了"。

关于如何培养孩子的成长型思维，泰国公益广告《努力一点点》中的妈妈堪称模板。

小男孩 M 喜欢踢足球，但是他的头球技术很差，教练评价说 M 的头球基础为零。妈妈回来后却告诉儿子："教练说你很努力，之前你都完全不会用头去顶球呢，现在时不时地能做到了，再努力一点点，只要轻触一点点就够了。"

儿子体能不行，每次跑圈都跑在最后一名，有时还会摔跤。他委屈地对妈妈说："我总是追不上其他人"。妈妈笑着说："没关系，你只要努力超过你前面的那个人就好了"。最后儿子在关键的比赛中，冲到对手面前，以头球拿下关键的一分。这就是成长型思维的力量。成长型思维会让人正确面对挫败与挫折，并拥有战胜它的信心。小男孩儿能在足球比赛中取得这么大的进步，跟妈妈的鼓励是分不开的。

当孩子垂头丧气地回来，又一次因为输了比赛或者成绩不理想而沮丧时，父母首先要肯定一下孩子的情绪："这次没考好，一定很伤心吧？""输了比赛，肯定会难过的，你的沮丧是可以理解的。"

其次等孩子情绪稍微平静一点后，父母再来鼓励他："咱们来看看，这次是因为什么考砸了？是因式分解这一部分没有掌握好吗？幸好考试让我们发现了这个漏洞呢，咱们可以一起来解决这个问题！"

最后，父母不能忘记，要肯定孩子的努力："这次你很努力地把问题都订正好了，至少我们解决了这个问题。下次争取考好一点点，进步一点，赶上一名同学好吗？"

慢慢地，孩子就会意识到，失败并不可怕，在他们受到挫折后，第一反应也不是怨天尤人，而是哪里有问题就去解决问题。同时父母要让孩子感受到，他只要进步一点点就会被看到，努力就会被肯定。

等孩子养成了成长型思维，他就不会害怕挫折和失败了。他会知道，挫折和失败都是能帮助他成长，令他变得更强大的因素。

第二章

孩子受挫力差，问题出在哪

　　人生三阶段：认识到父母是普通人；自己是普通人；孩子是普通人。

　　随着父母对孩子的期望值逐渐提高，孩子稚嫩的肩膀承担的附加物越来越多。每个父母都希望孩子变得更好，而这种期望造成了孩子完美主义倾向，让他们对自己的期望大于能力，最终导致孩子们频繁受挫，不敢面对失败。

　　教育的最终目的是要培养从心理到智力，再到能力各方面都健全的孩子。因此，父母要对孩子的期望符合实际，让孩子变得更加坚韧，更加抗压，更加有力量对抗未来人生数十年的风风雨雨。

完美主义让孩子负重前行

✳ 完美主义是怎么养成的

我多次提到，完美主义倾向对孩子抗挫能力的负面影响。可能仍有很多家长对此不理解，让孩子追求完美有什么问题？追求完美是让孩子变得更优秀，这应该是一件好事。

首先我们要区分"完美主义者"和"追求完美"之间的区别。适度地追求完美本身不是问题，但如果事事追求完美，受挫就感到抑郁、沮丧，时间久了就变成了完美主义者，或具有完美主义倾向了。身为完美主义者，实际上是非常痛苦的。比如，我们看到一张白纸，感到十分赏心悦目，而完美主义者就会拿着放大镜去找白纸上有没有黑点。他们看到的事情多是负面的，任何一点不如意都能让他们陷入抑郁和自我怀疑中而无法自拔。

完美主义倾向往往都是在后天养成的，只有极少部分人是先天性格使然。事实证明，完美主义倾向多是学校和家庭合力造就的。

先说家庭教育的影响。父母有很多类型，有的父母特别挑剔，总爱挑孩子的毛病，喜欢当孩子的差评师。无论孩子做什么，父母都要挑剔，长此以往，孩子也会把注意力放在自己的缺点上，总是希望能改掉缺点，不被父母指责。这种习惯，渐渐地被孩子内化为对自己的要求和标准。随着年龄的增长，他们会越来越害怕犯错，最终成为完美主义者。

我有一位从事心理咨询的朋友告诉我一个案例。有一个高中生，因为"一模"成绩不理想，吃了很多片安眠药，万幸后来被抢救了过来。在做心理咨询的时候，我的朋友了解到，这个孩子从小成绩一直很好。妈妈对他的要求很严格，小学期间如果不能考到100分，差几分就要用竹尺打他几下手心。他从小就有一点强迫症，因为在小学的时候有一次考试，他没带尺子而导致扣了卷面分，从此以后每逢考试，他都要反复检查5遍文具。

高三学校"一模"期间，因为考语文的时候，发现比往常少带了一支笔，影响了他的发挥。其实他还有四支笔，少带一只不影响考试的，但心理上还是不舒服。成绩下来后，他就觉得自己人生陷入了黑暗，全盘否定自己，走向极端。幸好他被发现得及时。

这个孩子就是一个典型的患有强迫症的完美主义者。问题的根源主要出在父母从小对他要求太高，太过于追求完美。让一个小学生每门功课考100分，说难不难，说简单也不简单。但孩子必须面面俱到，一点错误都不能出，否则很难达到。长期在这样的家庭氛围中长大，导致他养成了完美主义的性格。

一旦他发现自己达不到完美，就会全盘否定了自己的存在价值。

父母要允许孩子成绩有上下浮动，要允许孩子犯错。如果父母总是盯着孩子的错误不放，看不到孩子的努力，把分数当成了衡量孩子能力的唯一标准。这样一旦成绩不尽如人意，孩子会顿时觉得人生失去了意义，甚至走向极端。

另一方面，学校生活在孩子走向完美主义者的过程中也扮演了重要的角色。现在的孩子，具有完美主义倾向的越来越多。

在学校里，一个孩子成绩越好，受到的夸奖就越多，更受老师青睐，更会得到同学们的赞许。而取得好成绩的唯一办法是消灭错误，只有把不会的、错误的都消灭，才能取得高分甚至满分。这就造成孩子唯分数论，畸形地追求满分。

心理学家做过一个调研，他们发现本科生中完美主义者的比例在逐年升高。这可能和学校教育的不断强化、改进有关。当大家都想考入大学的时候，竞争就变得越发激烈，而越是这样的环境就越不能容忍犯错。为了考入好的大学，每个孩子都在尽力避免自己的缺点，在无形中养成了完美主义倾向。

✦ 完美主义的害处

完美主义者最大的毛病就是他们关注的永远是缺点，

而不是优点。就像之前举的那个例子，一张白纸上有一个
非常小的黑点，完美主义者只关注那个小黑点，看不到一
整张洁白的纸。

因为过分关注缺点，导致完美主义者表面上看起来很
自负，但其实内心经常感到自卑，因为他们从不欣赏自己，
更不会欣赏这个世界。因此，那些小时候常常被打击的孩子，
长大后也很难学会欣赏别人，包括夸奖自己的同事、伴侣
和孩子。可是，一个人不可能做到事事完美，逐渐地他们
会发现自己活在挫折中，长此以往，产生"习得性抑郁"。

完美主义者一直致力于避免错误，追求完美，这也导
致他们永远得不到满足。即便成功，也只能让他们获得片
刻快乐。片刻快乐之后，他们很快会开始焦虑下一次还能
不能做得像这一次一样完美。大多数时候，完美主义者始
终处于煎熬之中：成功了，获得短暂快乐后会再次提高成
功的标准，致使下次更难获得成功。而一旦失败，则会陷
入对自己的全盘否定中，情绪低落。

完美主义的另一个缺点是很容易变成拖延症。要么不
做，要做就要做到完美，这就让他们总是逃避，以避免做
了以后仍出现不完美的结果。很多孩子受到挫折之后，不
敢也不愿意再一次尝试。

不能接受失败和错误的完美主义者，导致了他们受挫
能力较低。

✺ 避免养成完美主义的孩子

其实，要培养一个不追求完美的孩子特别容易。简单来说，就是六个字：允许孩子犯错。

父母不要总关注孩子的错处，应多表扬孩子的长处，孩子自然就能理解：我的价值不取决于我有多少缺点，而是取决于我有多少优点。

父母要告诉孩子，每一次犯错都是一个让自己变得更好的机会，犯了错误不要怕，要改正它。这样孩子在做事时，心情能放松下来，不会执着于一件事必须做到完美。

有时候父母可以刻意地让孩子感受一下：不完美并没什么关系。

我有个朋友的女儿，5岁，从小由外婆带着，不能接受任何一点脏，只要身上有一点脏，就大声哭个不停，让她爸妈很伤脑筋。简而言之，就是她患有洁癖。

后来，在我的建议下她爸妈带小姑娘去农家乐玩儿，那里会有很多小动物，有可能会把她的衣服弄脏，还特意给她换了一件耐脏的衣服。结果，小姑娘的鞋子沾到牛粪了，她见状后大哭。爸妈也没管她，继续在地里玩儿，后来小姑娘被田园风光所吸引，又接着玩儿了。期间父母一次也没提醒过她注意不要弄脏衣服，他们特意没有带外婆一起，因为外婆一定会不断地提醒孩子脏，那就会前功尽弃。从此之后，小姑娘的洁癖明显有了改善。

父母对待错误和缺点越宽容，孩子就越不容易变成完美主义者。他们的抗挫能力也会得到相应的提高。

过高的期望让孩子日渐挫败

☀ 父母对孩子过高的期望，是一种负担

现在的孩子受挫能力偏低，这与父母的期待普遍偏高有关系。中国人民大学教授储殷和考研网红名师张雪峰的一场辩论引起了网友的关注。辩论的话题是"要不要竭尽全力给孩子最好的教育"。储殷教授作为正方，得到了许多父母的认同。竭尽全力这四个字很沉重，这意味着父母会把全部收入、全部精力放在孩子身上，这是多么沉重的期望。

我有个朋友在外企工作。夫妻两人在上海打拼，年薪到手50万，按说日子应该过得很滋润。可是她真的非常节俭，一个背包破了也舍不得换，一季只有几套衣服，她的生活水平与她自身的收入完全不相匹配。

后来她给我倒苦水，说两个孩子在私立学校上学，一年光学费就快30万元，加上报兴趣班、补习班等一年要花15万元，还有房贷，夫妻两个不但存不下钱，还经常刷信用卡。我很不理解，为什么要在教育上投入这么多，把自己逼得这么狠。

她说，总不能让孩子的学历不如父母吧！她希望孩子将来能比他们夫妻更强，最好能进政府机关工作。对此，我实在是有些无语，他们夫妻俩一个复旦，一个同济，都是研究生学历。他们还想让孩子更上一层楼，这么高的期望，她却认为很正常。

我跟她说，你给孩子这么大的压力，长此以往，你受不了，孩子也受不了。朋友说，她也考虑到了这个。不过没关系，她从来没给孩子说希望他们将来如何，这样孩子就不会感到压力了。

可实际情况是，他们家的老大，才读小学四年级，就戴上了眼镜。每次我去她家，这个孩子永远在写作业，从来没看到他玩儿过。他过生日的时候，我送了他一个半人高的变形金刚。我以为他会兴奋，结果他礼貌地接过去，只说了声："谢谢。"拆都没拆开，也不知道是腼腆矜持，还是对它不感兴趣。

父母的期望，孩子怎么可能感受不到呢？不是说出口的话才叫压力。妈妈常年省吃俭用；爸爸下了班没有任何娱乐活动；每到交学费时，父母都紧锁着眉头等行为，孩子都会看在眼里，这些都是无形的压力。

朋友的孩子成绩都很好，但我总觉得他们过于懂事了，失去了属于孩子的童真和快乐。

☀ **背负他人过高的期望是一件痛苦的事**

儿童心理学家陈忻说过，对儿童的期望、要求，不要超出他的能力和他的发展现状。一味地提高对孩子的期望，让孩子不断地追逐父母的期望，是一件很辛苦，也很残忍的事。

美国有个叫赛达斯的"人造神童"，他的父亲扬言，只要父母够努力，一定能培养出神童。赛达斯一出生，父亲就在他的小床周围挂满了英文字母，并每天不断地对着小婴儿读字母。赛达斯从来没有过任何玩具，整个婴儿时期他都被几何、地理、外语教材所包围。

在父亲的超高期待以及不懈努力下，赛达斯6个月就会认英文字母，2岁就能看懂课本，4岁已经能出口成章了，12岁就被哈佛大学破格录取。至此，大家觉得赛达斯真的成了一个神童。

可是长期过度的智能训练，让他感到十分压抑，精神出了问题，经常在不该笑的时候不由自主地发笑。14岁的时候，赛达斯在做公开演讲的时候，狂笑不止，被当作精神病人送进了医院。

出院后，他从哈佛大学毕业。但对父亲强加于他的期待非常反感，最终去商店当了一名普通售货员。

赛达斯在完全不懂事的婴儿时期，承受了父亲沉重的期望，没有享受过童年的快乐，这种感受是十分痛苦的。尤其是当遇到挫折的时候，如果人们知道自己爬起来不是为了自己，而是为了别人的时候，很多人的选择往往是干脆倒地不起，因为勉强爬起来也只是为了满足他人的期待。

另外，如果自身背负的期待太过沉重，明知道无论如何努力也达不到时，会倾向于回避困难，或者消极怠工。

只有当一个人有自己的明确目标时，才会有充足的动力克服困难，勇敢前进。

☀ 父母的期望要符合孩子的能力

适当的期望能给孩子动力，过重的期望则会让孩子感到沉重，难以负荷。父母应该花时间多与孩子相处，了解孩子能力的极限程度，让孩子跳一跳就能达到期望。这样孩子在受挫的时候仍会有动力，以期望达成目标。

当父母的期待超过了孩子的能力时，会让孩子感到抑郁。因为孩子没办法实现父母的期望，会自责、内疚，不断地问自己："我怎么这么没用，连最亲近的人的愿望都满足不了。"这种情绪进一步强化，直至内化，孩子就会向内攻击，厌弃自己，逐步形成抑郁。

比如，我曾经给一个孩子的爸爸做过家庭教育方面的咨询。他非常焦虑，他的儿子正在上初中，成绩属于中等偏下。他非常希望孩子能够考到班级前十名。因为班级前十名的孩子基本上可以考进一所不错的重点高中。

为此，他经常打骂孩子，有时候他因自责流眼泪。孩子也没办法一下子考到班级前十名，于是就自残。我劝他，不能再这样逼孩子了，他现在就有自残行为了，再逼的话走了极端怎么办？孩子现在成绩是中等偏下，一下子要他直接冲到班级前十名，这是属于超出孩子能力范围的目标。

后来这个爸爸调整了策略，全面帮助孩子克服学业上的困难，同时放低了要求，只要求他一次前进 5 名，并且允许孩子出现暂时性的退步。后来他的儿子真的考进了班级前十名，中考压线上了重点高中。

如果父母不知道怎么样的期待是过高的期待，也可以用偷懒的办法，要求孩子每次都思考，看看有没有比前一次进步的地方，只要有进步就可以了。

这样孩子的负担小了，前进的动力反而足了。遇到困难的时候，也更愿意通过自己的力量克服挫折了。

经常被比较的孩子很难快乐

☀ 爱跟别人比较的孩子，更容易受挫

我曾经接到过一个妈妈的求助，她读初中的女儿有点抑郁，几乎没有朋友，她怀疑孩子有没有在学校受到霸凌，想让我跟她女儿聊聊。

我跟那个小姑娘在网上聊了挺长一段时间，也从她妈妈那里了解了她的情况。

这孩子其实非常优秀，她在上海一家非常有名的民办初中就读，成绩很好，考市重点高中可以说是十拿九稳的事。小姑娘钢琴 10 级，作文还拿过市级奖项。但是我在聊天过程中，发现这个小女孩对事情的看法总是十分消极，而且还挺自卑。

这就奇怪了，这么优秀的孩子为什么会这么消极呢？后来我发现这小女孩之所以没有朋友，不是因为受了欺负，而是把所有的同学都当成了竞争对手。她最喜欢跟同学比较，拿自己的数学成绩和数学第一名的同学去比，拿自己的语文成绩跟语文第一名的同学去比，还有英语、物理、化学、钢琴……

她说，她经常梦见被人追着跑，可以说精神高度紧张。因为总是喜欢和同学比较，她的人际关系也非常差，比她成绩好的孩子跟她交朋友，她会觉得自卑。成绩不如她的同学跟她交朋友，她又瞧不上人家。时间长了，她慢慢地就变成了独来独往的一个人。

显然，攀比让她迷失了自己，她对于错误的评价一点也不客观，当她发现自己在某一方面不如同学的时候，就全面否定自己在其他方面的价值。

俗话说："人外有人，天外有天。"人要是什么事都和别人相比，总有比不过人的时候。本来满分 100 分的试卷，她考到 95 分已经很不错了，结果有人考 98 分，于是她就会立刻自我贬低，感到自己毫无价值。

☀ 为什么孩子总爱跟别人比较

每个人都会不自觉地跟别人作比较，但过分攀比，会产生很多问题。每一个爱跟人较劲的孩子，背后都有一个爱拿孩子跟别人比较的父母。

在中国，有相当多的父母喜欢拿自己的孩子跟别人家的孩子作比较。很多孩子都活在"别人家孩子"的阴影之下。一项调查报告显示，83.4% 的受访家长有过拿孩子跟别人家的孩子作比较的行为。

当父母拿孩子跟别人家孩子比较时，并不是所有的孩子都会受到激励，发奋图强。有的孩子会因为比较而变得自卑，行为上变得更糟。孩子会认为，反正无论如何都比不上"别人的孩子"，在父母眼里我就是不如别人家的孩子，索性自暴自弃。有的孩子内心比较强大，不受父母的影响，他们会选择无视父母的打击，与父母不交流。一旦孩子选择这么做，他们就很难听得进父母的其他建议，亲子关系也会随之变得更差。

无论孩子选择哪一种应对模式，都很难达到父母预期的效果。总是拿孩子跟别人家的孩子作比较，最后伤害的是自己的孩子。

☀ 父母该如何正面激励孩子

其实，很多父母拿自己的孩子跟别人家的孩子作比较，并不是故意的。因为他们从小也是被父母这么攀比着养大的，当他们成为父母之后，很自然地就把这一套运用到自己孩子身上。有一部分父母，原封不动地将上一代给自己的伤痛复制给孩子。

激励孩子其实有很多手段，拿孩子作对比也不是不可以。父母可以拿孩子的成绩跟他之前的成绩作对比。当孩子跟自己作对比的时候，他更能体会到进步带来的成就感，学习起来也会更用心，更有动力。孩子也不会自卑，反而会变得越来越自信。

浙江宁波的宁海中学有个孩子名叫赵启琛，高考考了705分，被清华大学录取。这个孩子当初考进高中的时候，成绩是全班倒数第一。高中三年，他的成绩一直都不突出，但他就像一个马拉松运动员，一直在追赶，直到最后一段才开始发力。

赵启琛虽然成绩一直垫底，但他的妈妈从来不拿他和其他同学相比，也从不因考试成绩不如其他同学而责备他。为了儿子读书，他妈妈搬到了学校附近陪读。但她从不对儿子指手画脚，而是认真做好后勤工作。当儿子感到压力，考试成绩不理想，或心情糟糕的时候，她只是安静地听他发牢骚，简单安慰他一下，称赞他比之前排名有所提高。

妈妈是赵启琛的定心丸，在一次又一次跟自己较劲的过程中，赵启琛的成绩得到了逐步提高，最终以全校第二的成绩考进了清华大学。

可以看到，他妈妈最大的作用，不是指导孩子如何学习，而是当他考最后一名的时候，做他温柔坚定的后盾。

这位母亲的高明之处，在于她一直在给孩子做减压工作，让孩子专注于跟自己作比较，每一点进步都增加了他的自信。

因此，父母一定不要拿自家孩子和别人家孩子作比较。关注于孩子本身的进步和成长，总有一天，孩子会给你带来惊喜的。

不愿意走出舒适区，相当于不敢面对失败

☀ 孩子受挫能力低，会不敢尝试新事物

现在，大多数孩子，都被家长寄予厚望。在很小的时候就给孩子报了很多兴趣班，但奇怪的是，孩子学得越多，越输不起，越不能面对挫折。

有个孩子的爸爸咨询我，他的儿子非常怕输，学游泳不敢下水，学棋不敢和高年级小朋友下。如果他和爸爸下棋，只要爸爸赢了他，他就会大哭大闹，指责爸爸耍赖皮。这孩子还学了街舞，其实他跳舞跳得挺好，但是每次只要教新的动作，就很费劲，他总是拒绝练习新舞，宁愿把学过的舞蹈动作多跳几遍。

对此，这个爸爸很是头疼，他不明白孩子为什么会变成这样。他很担心，孩子从小就这么怕输，长大了遇到挫折，可怎么办？

这其实是典型的怕输心理。很明显这个孩子更倾向于留在舒适区，拒绝走进学习区。

人的能力（不仅限于学业内容，也包括技能），可以分为三个区域：舒适区、学习区和恐慌区。

舒适区内容是指非常熟悉的内容，对孩子来说，舒适区是他们感到很有把握的内容。比如，熟练掌握的舞蹈，跟水平较低的小朋友下棋，能够做到 90 分以上的卷子等。当孩子在接触舒适区的内容时，会感到很放松，几乎感觉不到任何挑战。

学习区内容是指对孩子来说是有一定挑战的内容。在学习区中，孩子需要动脑筋，下点功夫，面对挑战。一般情况下，孩子初次接触学习区的内容能达到 60 分，属于跳一跳就能够到的内容。

恐慌区内容，是指孩子完全学不会，感到恐惧的内容。比如，把不会游泳的孩子扔进深水区，这就属于让孩子置身于恐慌区的行为。

一般情况下孩子不会排斥在学习区学习。如果孩子不愿意接触学习区的内容，一定是出了问题。

一个孩子过分怕输，不肯脱离舒适区有以下两种可能。

第一种可能：老师和父母过分强调结果，不注重过程。很多父母让孩子学了很多东西，每一样都要求孩子出好成绩；学习时要求孩子考高分，甚至满分；学街舞参加各种比赛，要求孩子取得好成绩。父母只注重结果，看不到孩子努力的过程的后果就是，孩子平时做事时也只要结果，不要过程。

成年人都知道，没有过程是得不到结果的。但孩子未必清楚，他们只觉得在学习的过程中不断受到挫败，得到糟糕的结果。这让他们难以接受，不如一开始就拒绝尝试。

有时候父母自认为没有强调结果，但孩子很敏感，能读得懂父母的肢体语言。比如，拿着并不尽如人意的成绩回家，妈妈的眉头第一时间就皱起来了；再如，下棋的时候输了棋，回头一看父母正在叹气。这都是一种暗示，相当于无声地告诉孩子，这个结果不是我们想要的，我们很失望。

第二种孩子不愿意离开舒适区的原因可能是父母对孩子的预期太高了，直接把孩子推进了恐慌区。

我有个朋友，对孩子期待很高。孩子读小学二年级的时候，她就给孩子报了三年级的奥数班。朋友不知道从哪

儿来的自信，一定要给孩子报三年级的奥数班，美其名曰
"提前学习"。

结果这孩子被奥数"虐"惨了，他本来在学校里数学
学得不错，但到了奥数班，却总是垫底。孩子学了没有一
个学期，死活不肯去了。这就属于把孩子直接丢进了恐慌
区。孩子在恐慌区的时候，左也是失败，右也是失败，久
而久之就变成了"习得性无助"。孩子们学什么都提不起劲，
再也不肯尝试新的内容了。

好在我朋友的孩子学了一个学期奥数后，在我强烈建
议下调整了学习难度。我建议，让她的孩子读三年级的时
候学习二年级奥数。果不其然，他孩子反而对奥数感兴趣
了。现在，她儿子读四年级，学的是四年级的奥数，并且
在奥数班一直是前几名。

父母的揠苗助长，很容易把孩子逼在舒适区里而不
敢出来。孩子被恐慌区的内容吓到之后，很可能连学习
区的内容也不敢涉及。

✳ 如何鼓励孩子不怕失败，走出舒适区

作为父母，发现孩子有惧怕失败的倾向，一定要分析
原因，看看究竟是因为经常对孩子提出超出学习区范围的
超难的要求，让孩子习惯性退缩；还是总是向孩子要结果，
而忽略过程。

如果对孩子的要求过高，那么一定要放低要求，让孩子有机会品尝到胜利的果实。这种情况也分两种。一种是父母一贯要求过高导致孩子经常受挫，那么适当放低要求就可以了。另一种，孩子可能开窍晚，或者因为多动症等原因，很难和同龄人做到同一水平。那父母必须进一步放低要求。

我经常遇到对孩子预期很高的父母，并且不肯调整他们的期望。每次劝他们下降预期，不要给孩子太大压力，他们总是说其他孩子如何优秀。要知道，孩子和孩子之间差异很大的。别人的孩子不是用来衡量自己孩子的坐标。弹簧压下去是为了更好地弹起。适当放低对孩子的要求，可能孩子在未来的发展会更有潜力。

如果是因为父母和老师过于注重结果而导致孩子胆怯，不敢尝试，父母要及时调整自己的行为，多鼓励孩子努力的过程。父母不一定要表扬孩子，只需要说出孩子做了哪些准备，对孩子也是一种鼓励。父母要学会淡化结果，无论孩子取得了怎样的结果，父母都不要大惊小怪。成绩好，不要激动，成绩不好，更不能发怒。

最后，父母要学会正确评估孩子的能力。父母应知道哪些内容是孩子的舒适区，哪些内容是孩子的学习区，哪些内容对孩子来说太难了，属于恐慌区。父母尽量给孩子一个缓冲区，从舒适区慢慢过渡到学习区。

　　孩子比成年人更容易改变，只要父母先做出改变，孩子一定会慢慢地不再怕输，不再怕走出舒适区。

第三章

家庭之中，父母真的做对了吗

懂得尊重自己的人，也会懂得尊重别人，这包括尊重自己的孩子在内。

父母是孩子的镜子，孩子受挫能力强还是弱，也主要靠家庭教育的力量。父母对孩子太溺爱，孩子就会习惯性地依赖父母，遇到挫折总想着等待父母伸出援手。父母对孩子控制欲太强，孩子做事便容易畏手畏脚的。父母总是习惯性打压孩子，孩子就会缺乏自信。父母如果不重视孩子的感受，孩子遇到挫折，也会总想着逃避。

过度溺爱，让孩子失去勇敢的力量

几乎所有的父母都爱自己的孩子，但是过度溺爱对孩子来说并非是好事。

☀ 溺爱让孩子面对挫折时不知所措

一个心理健康的孩子有足够的力量面对生活中的常见挫折。然而来自父母的溺爱会像一把很钝的锉刀慢慢地磨掉孩子的力量。

纪录片《正在连接》中有一个小伙子，名叫小吉。他的家境一般，但是父母对他极其溺爱，几乎是拼尽全力来满足他所有的需求。

小吉高中的时候，父母就离婚了，但为了不影响他高考，家里一直瞒着他，不告诉他。小吉上大学的时候，一般同学的生活费是一个月一两千。而小吉发现宿舍里没有空调，太热了，就对父亲说要搬出学校，自己租房住。父亲二话没说，拿出 3500 元作为一个月的生活费给小吉。

小吉花 1000 元租了一间房，跟自己的女朋友一起过上了逍遥日子。可是好景不长，有一天他接到家里的电话，家人告诉他父亲病重，速归。小吉回去后，母亲才把自己早就已经跟他父亲离了婚的真相告诉了小吉。

父亲住 ICU 病房那几天，家里花了很多钱，见小吉回来，姑姑们都催着他还钱。他不但学费和生活费再无着落，还要想办法还因为父亲生病欠下的债。

小吉的世界一下子崩塌了。原来美好的生活全都建立在谎言之上，他的所谓岁月静好，都是父母拼尽全力为他支撑起来的。

在认识到残酷的真相后，小吉非但没有振作起来，反而假装没事人一样回到学校，继续在校外租住房子，强行维持着跟原来一样的生活。这还不算，小吉因为无法面对这样巨大的挫折，他还借了校园贷，甚至买了一条品种狗，配齐了一大堆宠物用品。短短两个月，小吉不但没赚一分钱，反而欠下了近六万元校园贷。

父亲生病前，小吉几乎没有受过任何挫折。是他的父母用"爱"给他打造了一个脆弱的玻璃房子。生活中的任何不如意，父母都用自己的肩膀为他扛了下来，就连离婚这样的大事也瞒着他。即便之前怕影响到他高考，考完后父母也该告诉他实情。而小吉的父母选择一直隐瞒事实来营造所谓的"美满家庭"。

在巨大的挫折面前，这个从小被父母过度保护的男孩，不但没有半点直面挫折的勇气，反而拔腿就跑。小吉像一只鸵鸟一样拼命把头埋进沙子里。

溺爱孩子的父母就像一对修桥补路的工程师，总是试图赶在孩子面前把他所有可能遇到的坑先填平了，让孩子舒舒服服地前行。但当有一天父母没有能力填坑，或者坑太大父母没有填补的能力时，孩子就只能结结实实摔一大跤。

这不能全怪孩子，毕竟他连个演练的机会都没有。

如果父母不舍得让孩子吃苦，那么这个世界会让他吃更多苦。

☀ 包办型溺爱，父母太能干，孩子就太挫败

溺爱有两种类型，一种是包办型溺爱，一种是放纵型溺爱。前者是父母恨不得替孩子把一切都做了，后者是孩子想怎样，父母就得照办，心甘情愿地接受孩子的指挥。

包办型溺爱孩子的父母凡事都想替孩子完成。在他们看来，孩子是自己的"延续"，他们通常会把自己的需求投射到孩子身上。孩子"做不到"等同于他们自己"做不到"，孩子受到挫折，也就意味着他们自己受到挫折。

包办型溺爱的父母最见不得孩子在初次尝试时手忙脚乱，搞得乱七八糟的样子。这就像活生生在他们面前上演"自己的受挫日"，会让他们产生浓重的"失控感"。

因此，包办型溺爱的父母往往也是控制狂父母，他们在替孩子穿衣的同时，也顺便剥夺了孩子选择衣服的

权利。他们替孩子做得越多，孩子就越像一个布娃娃，任凭他们摆布。

在包办型溺爱父母的大包大揽下，两三岁的孩子不能尝试自己吃饭，四五岁的孩子还不能自己穿衣，七八岁的孩子都不会独立洗澡。久而久之，这些孩子会下意识地认为"我不行"。由于父母不鼓励，甚至不喜欢孩子自己尝试解决问题，被包办的孩子跟同龄人相比，他们更胆怯，遇到困难和挫折，也更习惯于退缩。

由于包办型父母又是控制型父母，所以他们还会习惯于否认孩子真实的感受。比方说把自己对冷暖的感受强加给孩子，明明孩子还觉得很热，他们就早早给孩子换上了秋衣秋裤；明明孩子想喝凉水，他们却一定要孩子喝热水。

包办型溺爱孩子的父母表面看宠爱的是孩子，实际上溺爱的却是他们自己。而作为他们的儿女，常常会出现一种"窝里横"的状态：在外面胆怯怕事，在家又十分暴躁。

这是因为孩子们的精神力被父母所扼杀，故此他们没有能力应对来自真实世界的挫折。一个连自己都照顾不好的人，如何有能力解决问题呢？

而另一方面，孩子们在家又常常觉得有一股无名之火，时不时就要爆发。孩子的潜意识是能够意识到自己被控制，被剥夺了成长的机会，但父母的外在表现又是无微不至的关怀，每一句话都可以诠释为五个字："我是为你好"。
这就令他们"狗咬刺猬，无从下口"，总不能攻击父母为
自己做得太多吧。所以被包办溺爱的孩子常常会莫名其妙
地愤怒，这是因为他们有很多怒气，却不知道该朝谁发，
该针对哪件事发。

如果包办型父母在孩子成人后依然跟在孩子身边，继
续插手孩子的生活，那么孩子将永远不能面对挫折，变得
越来越弱。

☀ 放纵型父母

放纵型的父母，都是孩子想怎么样就怎么样。这种父
母一方面自我弱小，不擅长拒绝别人，即便面对比自己弱
小的孩子也不能坚持主张。放纵型溺爱孩子的父母同时也
是喜欢偷懒的父母，他们完全不费力去思考怎样做才是对
孩子有益的，反而把决定权交给了没有判断能力的孩子。

孩子是特别擅长"得寸进尺"的生物。每一个孩子在
成长过程中都会不断试探父母许可的边界，如果这个边界
是确定不变的，孩子反而会比较安心。他知道哪些事情是
可以做的，哪些是不能做的，哪些事情是安全的，而哪些
又是不安全的。

确定的边界能给孩子带来安全感，所以不被父母放纵
溺爱的孩子往往在生活中作息有规律，行事有章法。反之，

放纵型溺爱的父母养出来的孩子，总是处于一种莫名的焦虑中，因为他们不知道边界在哪，也许再哭一哭，父母就会让步；也许再闹一闹，父母就会改变主意。久而久之，他们就会浪费很多时间跟心思在试探边界上面。

曾经有过这样一个新闻。上海迪士尼新开后不久，很多项目排队时间都需要很久。一个8岁的小男孩在排队的时候故意去摸排在前面的女生屁股。女生发现后说了男孩几句，结果这下可不得了了，排在一旁的妈妈不但没有制止，反而围着女生不依不饶，一边打女生，一边大声辱骂她："你也不看看你长得什么样子？难道你的屁股没被人摸过？"

男孩起初摸女生屁股，可能是因为好奇，或者恶作剧，然而这位母亲的蛮横不讲理却给了男孩今后为所欲为的底气。让男孩认为无论他做什么，无论他做得是对还是错，总有人站在他背后为他撑腰。

大连13岁男孩蔡某跟踪一名10岁小女孩，后将其带走并残忍杀害。案件之恶劣令人震惊。蔡某在之前就曾经掀过小区里年轻姑娘的裙子，女孩找上门跟蔡某父亲理论，蔡某父亲竟二话不说把姑娘骂了一顿。

蔡某之前就骚扰过被害女童。当时蔡某的父母坚持认为是女童故意诬陷自己的儿子，而不加理睬。

正是父母对蔡某一味的偏袒纵容，造成蔡某行事越来越乖张，越来越无所顾忌，才会最终酿成那样的惨剧。

还有上海一位姓丁的老太太，已经80岁高龄，还要供养48岁的儿子。这个儿子拥有加拿大滑铁卢大学工程硕士学位，可是自2012年毕业回国后，却一天都没有工作过。逼得丁老太太不得不状告他不赡养老母亲。

没想到儿子拒绝上法庭，并责怪80多岁的老母亲："都怪你，我小时候样样都给我包办，让我对你们太依赖，是你们的溺爱毁了我！"

中国有句古话叫"惯子如杀子"。被放纵的孩子会变得极其依赖父母，甚至完全没有能力接受挫折。当挫折来临时，他们唯一的本能反应，只会像小时候要得不到糖时一样，跟自己的父母又哭又闹，寻求帮助。

被放纵型溺爱养大的孩子，遇到挫折的时候，永远会像张大嘴巴等待喂食的雏鸟，躲进父母的羽翼里。

☀ 如何避免溺爱

无论是放纵型溺爱的父母还是包办型溺爱的父母，养出来的孩子心理都是弱小而无助的。不管他们表现出来的有多么蛮横，他们的内在都是怯弱的。要避免这样的情况发生，父母一定要自身先强大起来，控制住向孩子投降、妥协的冲动。

首先要学会树立父母的权威，给孩子设定边界。

设定边界就是设定规则。这件事说难很难，说简单也简单，唯一的原则就是不轻易妥协。无论孩子如何哭闹，父母都要温和而坚定地遵守规则。

5 岁的乐乐每次去商场都要买很多玩具，看到自己喜欢的他就一定要吵闹着让父母买下来，不依他就满地打滚，坚决不走。对于这种情况，妈妈在出门前就应该和乐乐约定好，他只能选择一件自己喜欢的玩具或者零食，绝对不可以多选。当乐乐违反规则，在已经买了一辆小汽车后，又看上一辆小火车的时候，遭到了妈妈的拒绝。乐乐像往常一样往地上一躺，准备耍赖的时候，妈妈要谨记不该迁就他，或者被愤怒的情绪占领，大声斥责他。

可行的建议是先把乐乐抱起来带离商场，或者带到人较少的地方，然后跟他共情，对他想要玩具的欲望表示理解，等他平静一些后，强调规则就是规则，约定好了出门只能买一样玩具，就不可以反悔。如果可能，也可以提供给乐乐一个选择权，要不要退掉之前的小汽车换这辆小火车。

一般这样一通折腾下来，孩子就会同意遵守规则，接受不能同时拥有小汽车和小火车的沮丧。如果乐乐依然在发脾气，哭闹不止，妈妈也不用干涉他，只要静静地陪在一边，坚持不妥协就可以了。

其次，父母要学会放手，不能事事包办。

对于包办型溺爱孩子的父母来说，最大的敌人可能不是孩子，而是自己的控制欲。孩子在初次尝试家务或者自理时，难免做得不够好，这是非常正常的。一定要忍住，不能因为孩子做得不好，就自己动手代劳。

请在心里默念：为了孩子好，不能插手，不能插手，不能插手（重要的话说三遍）。父母要记住，看到孩子做不好就插手，这纯属满足自己的控制欲，图自己省事罢了。你既然不可能代替孩子一辈子，就一定要控制住自己，现在就让孩子自己动手，得到锻炼。

当孩子因为做不好而发脾气的时候，父母要像给孩子设立规则和边界那样，温和而坚定地让孩子独立完成事务。同时要允许孩子发脾气，跟他共情，表示理解他因为做不好事情而产生的挫败情绪，然后鼓励他再尝试一次。

父母应知道，如果为了保护孩子而让他一帆风顺，等他长大后，失败挫败感会成倍放大，令孩子痛苦不堪。

父母应信任孩子、鼓励孩子并温和而坚定地遵守规则，绝大部分孩子就不会掉入溺爱的陷阱。

控制欲过强，让孩子手足无措

父母总认为自己吃过的盐比孩子吃过的米还多，希望通过控制孩子使其避免人生路上的坎坷，然而结果往往适得其反。

☀ 父母的控制欲，剥夺了孩子自由生长的权利

虽然在讲包办型溺爱的时候有提过，父母控制欲过强，习惯性地帮孩子解决问题，会导致孩子彻底丧失了对抗挫折的能力。但控制欲过强的表现可不单指包办型溺爱，控制欲过强的父母的诸多行事方法让孩子很难抗拒。

对于控制欲强的父母来说，孩子真实的样子如何并不重要，重要的是孩子如何长成他们所想的样子。没有人可以毫无芥蒂地长成另一个人所期盼的样子。如果孩子真的按照父母所设想的成长了，负载着父母的梦想和期望变成他们所希望变成的样子，那么真正的孩子去了哪里？他们自己的人生去了哪里？孩子自己的梦想又去了哪里？

被父母控制的孩子，是一定会反抗的，只是每个孩子根据父母控制手段的不同，反抗方式有所不同。有的孩子对父母脾气很差，直接跟父母硬碰硬。这样的孩子其实是极富有生命力的，他们不肯乖乖地献出自己的人生。虽然他们很可能会和父母闹到两败俱伤，但他们的自我是最完

整的，也是最有力量对抗人生中未知挫折的。

可惜的是，能依靠自己的力量冲破父母控制的孩子少之又少。大部分孩子在屡屡交锋中败下阵来，渐渐明白，自己是不可能抗争得过父母的，至少不可能从正面。

一部分孩子会变得阳奉阴违，父母要他好好学习，他却背着父母偷偷打游戏、看小说；父母要他不能早恋，孩子却背地里跟异性同学传纸条、逛街、牵手；父母要他早点睡，孩子就躲在被窝里看书看通宵。

虽然这些孩子最终还是干了父母不让他干的事，但他们习惯了迂回、逃避。在遇到挫折的时候，他们的第一反应就是逃跑。我有个朋友，父母管他管得很严，高中的时候成绩不好，他坚决跟父母要求出国，逃避高考。到了国外几年都没有读完预科，好不容易有个大学收他，别人念四年的大学他硬是念了六年还没毕业。这就是遇到困难扭头就跑的典型。

另一部分孩子则彻底放弃了抵抗。他们真的很乖，父母说什么他们就做什么。但奇怪的是，他们好像做什么都不成，你看着他，心里就会浮现出四个大字：有气无力。

这样的孩子长期处在被父母控制中，自我被不断侵蚀，索性彻底举手投降了。可没有一个人能心甘情愿地成为另一个人的傀儡。于是他们由向外抗争转为了向内攻击自己。

他们只要做事，总是有意无意地会把事情搞砸。

父母让他们用功读书，他们就真的很努力地在读书，但成绩却还是每况愈下。老师和家长对他们的评价都是死读书，其实他们根本没有主观能动性，学习的时候甚至会有意无意地错一些不该错的题。其背后的逻辑是：你让我做什么，我都照做了，但我还是过得不好，没有成功，这证明了你们并不总是正确的。

对于这一类孩子，与其说他们不敢面对挫折，倒不如说他们隐隐地期盼遇到挫折，只要挫折一来，他们就会坦然接受失败。

☀ 权威型高压控制

对于控制型父母来说，除了以包办溺爱这种比较"软化"的控制方式，还有权威型高压控制与情感勒索型控制方式。

中国有句话叫"天下无不是的父母"，意思是但凡父母说的都是对的，子女一旦违拗，一顶"不孝"的大帽子就压下来了。所以许多父母基本不跟孩子讲道理，而是我怎么说你就要怎么做。如果你不按照我说的做，那你就"不孝""不听话"，狠一点的会放话说："逐出家门"，甚至有动手打人的家长。

我有一次去亲戚家玩儿，他家6岁的小女儿刚起床要去上学。那天刚好是夏秋之交，说冷是不冷，说热也算不上。小女孩坚持要穿裙子，她妈妈坚决不允许，一定要女儿穿裤子。小女孩说："妈妈，我跟小朋友约好了，今天要一起穿裙子，你就让我穿裙子吧。"那个妈可能看到有客人在，拉长了脸说："不可以，万一感冒了怎么办。"

小女孩看妈妈一直不同意，渐渐地有了哭腔，反复强调自己跟小伙伴约好了，不可以失约。妈妈的忍耐度越来越差，一开始还只是板着脸把裤子扔给女儿，见女儿磨磨唧唧就是不肯穿，不顾家里有旁人在，大声呵斥道："我让你穿裤子，你就穿裤子。我是你妈，你听我的还是听同学的？你那么喜欢听同学的，今天你就去同学家住，让他爸妈养着你，我不管了！"最后那个小姑娘满脸泪水，穿着裤子，不情不愿地背着书包上学去了。

其实那天完全没到不能穿裙子的地步，就算怕孩子着凉，裙子下面套一双长袜子也完全可以解决问题。但是这个妈妈当时坚持一定要女儿按照自己的想法去做。这背后其实就是权力之争。谁对谁错不重要，重要的是"我是你妈，你必须要听我的"的理念。

小到穿衣，大到填写高考志愿，权威型高压父母会要求孩子必须听自己的，否则就会"攻击"孩子。

权威型高压式教育方式的家庭，在孩子青春期的时候，父母与孩子之间的冲突会达到顶峰。通常权威型高压式父母跟子女的关系都不会太好。双方始终处于权力斗争中，甚至是激烈的正面对抗。

☀ 情感勒索型控制

一般来说，一个家庭中，父亲倾向于对孩子进行权威型高压式控制，而母亲更倾向于对孩子进行情感勒索型控制。情感勒索是一种相对迂回，不那么直接的控制方式。简而言之，就是父母通过操控孩子的情感，让孩子觉得愧疚、不忍等种种负面情绪，最后不得不屈服。

比较常见的情感勒索语句一般有："我都是为你好""我能害你吗""我为你，为这个家付出了这么多""为了你能×××，我已经如何如何了""你是不是想气死我""把我气死，你就开心了""你太让我失望了"……

表面上看，父母仿佛大公无私，所做的一切都是为了孩子，实际上背后的逻辑是："我为你付出了这么多，你必须要听我的"。

热播剧《小欢喜》里的宋倩，是一位高中老师，女儿乔英子品学兼优。宋倩离婚后，一门心思照顾女儿的起居。明明知道女儿不爱喝燕窝，非要逼着女儿喝。乔英子偷偷把妈妈煲的燕窝粥给了爸爸的女朋友喝。被宋茜发现后，宋倩对女儿说："你是不是对妈妈有意见啊？有意见就说呀，你太让我失望了！亏我到处跟人说，我们家英子是好孩子，是妈妈的骄傲！"

　　说到这里乔英子的愧疚已经满溢，她解释说，自己不爱吃燕窝，妈妈这样令她压力很大。宋倩立即哭诉："我压力不大啊？你从小到大，妈妈一个人带着你长大，我除了忙工作，还要起早贪黑给你买菜做饭，照顾你起居，我容易吗？"

　　这段哭诉成功地击败了乔英子，令她觉得自己不顺从妈妈就是不懂事，不体贴。最后宋倩总结道：乔英子的爸爸和其女友，对女儿不是真爱，只不过是投其所好，是拖女儿后腿的存在。在宋倩的哭诉和斥责下，这场因燕窝而起的母女之争，在乔英子再三道歉中宣告结束。

　　宋倩的需求很简单，就是要女儿远离前夫和其女友。但她并不直说，而是通过哭诉自己有多么不容易，多么以女儿为傲，离不开女儿，令乔英子产生强烈的愧疚感，最后向妈妈保证不会离开她来达到目的。

　　同样，宋倩不顾女儿喜欢天文，一心想报考南京大学天文系，一定要女儿考北大清华。宋倩在跟女儿争执的时候说："你是不是就想借机离开妈妈，不想让妈妈管你？"宋倩还说："我的生活中只有你，我一路陪着你走过来，身边一个人都没有了。我从来没想过我的女儿就是这么回报我的。"

　　显然宋倩希望能一直把女儿拴在身边，一直掌控女儿，不希望她离开北京。

这就是典型的情感勒索。情感勒索型控制里可能没有"打和骂"，但一样令孩子内心崩溃。这种控制就像吐丝结茧，手段并不激烈，但依然会不知不觉间令孩子憋得喘不过气来。

情感勒索带来的后果与直接以高压手段控制孩子的后果一样严重。从不打骂孩子的宋倩，最后逼得女儿差一点跳海。作为独立的人，乔英子在母亲身边根本得不到完整的自我，如果不是以死相挟，她就只能被迫跟母亲共生下去了。

☀ 学会控制自己的掌控欲

每个父母都会有想控制孩子的时刻，希望孩子乖乖的，按照自己的愿望，好好学习，成长为一个有用的人。在这个过程中，难免会和孩子起冲突。

父母一定要认清，想"过度"控制孩子，这是属于自己的心理问题，不是孩子的问题。注意"过度"两个字，当你察觉到自己什么事都想控制孩子，总跟孩子起冲突，总是需要声泪俱下控诉孩子、说服孩子时，你要停下来想一想：我有没有过度控制孩子？

如何区分有没有过度控制孩子呢？

很简单，当你和孩子产生分歧时，冷静地想一想，这件事如果不按照你的想法做会怎么样？会失控吗？按照孩子的想法来，会如何？有没有折中一点的办法，既兼顾到孩子的想法，又不至于造成不好的影响。

举个例子，有的父母给孩子买冰激凌，孩子要吃草莓味的，父母偏要给买巧克力的。这就完全没有必要了。喜欢吃什么是孩子的自由，如果父母一定要坚持，那么满足的一定不是孩子的需求，而是父母自己的需求。有的时候父母给孩子买零食和玩具，纯粹为了满足自己内在的小孩，为了弥补自己缺憾的童年。所以小时候想吃巧克力冰激凌却吃不到的人，长大了很可能坚持要给孩子买巧克力味的，哪怕孩子其实爱吃草莓味的。

曾经在知乎上看过一个热搜贴，有个妈妈求助说孩子打死不吃韭菜馅的饺子怎么办？这个问题乍一看是个挑食问题，仔细一想，还是一个控制问题。为什么孩子一定要吃韭菜馅的饺子？不吃韭菜馅饺子可不可以吃白菜馅的？不吃韭菜馅饺子会造成营养不良吗？显然并不至于。所以会提出这个问题的妈妈，就是一个控制欲很强的妈妈。其他像孩子选择穿什么衣服，选择报何种兴趣班，大多都属于不需要强行纠正的问题。哪怕天气稍冷，给孩子穿一条厚袜子也就解决了，即便孩子真感冒了，或者被同学笑，那也是他们自己的选择，下一次他们就会注意了。

那么对于中、高考孩子想按照自己的意愿填报志愿，需不需要强行干涉呢？这事倒没有固定答案，但是孩子既然有他自己的主张，无论父母同不同意，最起码应该听一听孩子的理由，了解一下他的想法，再跟他一起做做功课，分析一下利弊。而不是不分青红皂白，拿出父母为大的派头，一味要求孩子按照自己的想法来做决定。

归根结底，是否是过度干涉孩子，取决于父母有没有认真想过，孩子究竟是怎么想的？如果按照孩子的想法来，会不会有不可挽回的负面结果。能够停下来想一想这个问题的父母，多半就不会是控制狂父母了。

打压教育过甚，孩子会失去自信

中国父母的传统理念是：黄金棍下出好人。他们往往会选择对孩子进行打压，来纠正孩子的行为，避免孩子骄傲。

挫折教育不等于打压教育

一提起挫折教育，很多人会错误地把它与打压教育混为一谈。甚至在一些孩子跳楼轻生的新闻推送下面都会有类似这样的留言："这些孩子还是挨骂少了，才会动不动就会寻死觅活的。我们小时候父母动辄打骂，还不是活得好好的？"

难道说挫折教育就是打压教育？孩子做得不错，在外面得了表扬，考了前三，一回来等着他的就是父母的一句："你为什么没考第一？有什么可骄傲的？尾巴翘上天了？"这样他下次万一没考好就不会觉得太受打击了吗？

当然不可能。

父母以为打压式教育能让孩子变得坚韧、谦逊、不怕挫折。可事实恰恰相反，长期打压孩子，会摧毁孩子的自信和自尊，令他们软弱、敏感又自卑。

教育专家李玫瑾曾对 1 000 名未成年人做过一项调查，她发现在家经常被父母责骂的孩子，非常容易出现性格缺陷。其中 25.7% 的孩子会"自卑、抑郁"，22.1% 的孩子会变得"冷酷，拒绝跟人沟通"，还有 56.5% 的孩子会变得"暴躁、易怒，就像一个小炮仗，一点就燃"。

这些外在表现其实都是孩子发展出来的心理保护机制，一直被最亲爱的父母贬低，是一件非常痛苦的事情，孩子的内心往往对父母是不设防的，因此父母的打骂对孩子的伤害就格外严重。

受到打击后自卑、抑郁的孩子，是完全吸收了父母的负面能量，全盘接纳了父母的意见。"你们说我不行，那我确实就是不行。"父母对他们的负面评价，已经内化成了他们给自己贴的标签。尤其是有抑郁倾向的孩子，他们的内心充满了阴郁，他们的价值感也非常低。

美国心理学家苏珊·福沃德博士在她的《中毒的父母》中曾写道："孩子是不会区分事实和笑话的，他们会相信父母说的有关自己的话，并将其变为自己的观念。"

而"冷酷，拒绝跟人沟通"的孩子则选择关闭了自己的心门。他们知道父母对自己的指责是不正确的，他们的选择是关闭沟通之门，无视父母的负面能量。虽然这样一来他们得以较好地保护了自己的自尊，但是因为连最亲近的父母他都选择拒之门外，这会严重影响到他们的人际交往模式，包括与爱人、同学、同事、领导等，他们很难热情地跟人交往。

对他们来说，与其他人建立长期的亲密关系是一件非常困难的事情。所有亲密关系的本质就是复制自己跟父母的关系。此外，他们也往往惧怕同老师、领导相处，他们会采取能逃则逃的态度，也会令他们很难主动开口提升职加薪，进而影响到他们的前途。

变得暴躁、易怒的孩子则是把受到的攻击还了回去。他们的生命能量比较充足，在受到父母打击时会反击。这并不意味着他们的自尊没有受伤，有时候自卑的另一面是过度自负。孩子的自尊一旦受到伤害，他的第一反应就是变成一只"刺猬"，来保护自己。

久而久之"乱发脾气，动不动就愤怒"会变成孩子最熟悉的情感通路，他们在生活中也会非常易怒，尤其是有人伤害或"疑似"伤害到他们自尊的时候。

自尊是人类最珍贵的东西，打压教育本质上就是反复不断地伤害孩子的自尊。一个低自尊的人在面对挫折时，是没有力量与之对抗的。他们或许没有勇气选择轻生，但也很难正面迎接困难和挑战，继而克服困难。每当他们要跟困难做斗争的时候，父母的话就会在他们脑中盘旋："你不行"。

✳ 如何避免打压式教育

打压式教育带给孩子的伤害是巨大的。

微博上有个例子，一个医生正在复诊患抑郁症的孩子。这孩子正拿着一本书在读。医生见缝插针地表扬了一句："你真用功！"站在一边的妈妈立刻接了一句："用什么功？假用功！"伴随着浓浓的嘲讽语气。急得医生直跳脚："又来了，又来了！"无论怎么医生如何警告，这位妈妈就是坚持要用这样的语气跟女儿交流。这是一个已经确诊抑郁的孩子，医生之前已经做了大量心理疏导，可父母一句话，就能将医生的努力毁于一旦。

如果一个孩子生病了，父母肯定会遵从医嘱，该给孩子吃药就立刻吃药。可为什么面对一个心理生病的孩子，父母却控制不住打压孩子的冲动呢？

要避免打压式教育，对于习惯于对孩子动辄打骂的家长来说，绝不是一朝一夕的事情。

首先，父母要学会用陈述句指出孩子的问题。

习惯了打压孩子的父母，往往一开口就是反讽式疑问句。比方说：一天天的，就知道玩游戏，这样还想能考得好？做梦！又比如：一天到晚就知道吃，也不看看你都胖成啥样了？

当然并不是说父母就不能指出孩子的错误。父母可以指出孩子的错误，但是要用陈述句来说明。比方说：一直玩游戏你就没时间学习了，这样是学不好的，你应该规划好玩游戏的时间。又比如：吃得太多会长胖，你可以试试少吃一点。

反讽式疑问句的杀伤力比陈述句强得多。而且这种方式除了贬低孩子，给孩子贴上负面标签外，并没有顺带提出任何有建设性的意见，因此一定要尽量避免。

其次，父母要学会尊重孩子的人格和保护孩子的尊严。

当父母想要打压孩子的时候，请想一想，这句话说出口，会不会损害孩子的人格和尊严。如果你不能把孩子当成一个平等独立的人去对待，孩子就不会成长为一个平等独立的人。

如果父母不知道如何把孩子当成一个平等独立的人，就把他想成是你的同事和朋友，你不会对同事、朋友说出口的话，也尽量不要对孩子说。

父母要降低自身的焦虑。

父母对孩子的刻意打压，大多可以归结为父母自身的焦虑。

有的父母焦虑于孩子将来会遇到各种挫折，所以"先打压为强"，父母会在孩子取得成绩的时候先泼一盆冷水。还有的父母焦虑于对孩子期望甚高，孩子的表现却不尽如人意，遂大动肝火，对孩子非打即骂。

打骂或许能一时缓解父母的焦虑，但从长远来看，非但于事无补，还会伤害孩子的自尊，不利于孩子的心理健康。一个成绩不好的孩子或许有其他方面的长处可以令其成功。但一个不自信的人，即便成绩很好，学历很高，也很有可能取得不了什么成就。

如果父母真的爱孩子，那么请一定要抑制住打压他的冲动。记住，自尊和自信是父母所能送给孩子最珍贵的礼物。

怎样尊重孩子

最糟糕的教育方式

最糟糕的家庭教育是什么样的？不是溺爱式教育，不是控制式教育，也不是打压式教育，而是忽略式教育。不被看到的孩子最为可悲。婴儿一出生都是全能自恋的，他会认为自己无所不能，和世界浑然一体，只要一饿，就有吃的，一不舒服，就有人给换纸尿裤。

如果在幼年时遭到父母的忽视，得不到全能自恋，那这个孩子心理会产生很严重的问题。不被看见就代表不存在，婴儿会产生严重的受挫感，陷入彻底的无助中。如果一个宝宝的全能自恋不被满足，他将来就没法好好跟这个世界相处。他永远不敢跟人产生更深的联结，永远会在极端自卑和极端自大中徘徊。

更严重的是，这样的孩子一旦遇到挫折，他内心的防线会迅速溃败，他内心会产生极其严重的冲突，严重的甚至会导致自毁倾向。而且因为没有跟父母亲人产生联结，遇到挫折他也不会求助别人，一旦他发现没有办法靠自己解决挫折的时候，就会本能地回避挫折。

我有个朋友，是个80后，母亲生下她不到3个月就去上班了，把她放在工厂的托儿所。当时的双职工是可以把孩子交给工厂托儿所的。但是因为托儿所孩子比较多，而且是混龄，老师的注意力主要在会走、会爬的孩子身上，3个月的小宝宝在小床上哭，一般老师都是最后处理。

她妈妈有一次聊天时当笑话说，说有一次上班的时候去看她，她正在抠自己的便便吃，老师都没发现。

这姑娘长大以后，跟父母关系很疏离，工作上一有困难就退缩，30多了，还在公司做客服，稍微被老板批评几句就辞职不干了。

她大学毕业结婚后，与婆婆稍有口角矛盾她就受不了了。后来跟老公离婚后孩子也没要，自己一个人出来租房子住。

她的生活状况跟儿时被疏于照顾，或多或少有点关系。她的人生就是不能受一点儿挫折，一遇到挫折她的本能反应就是逃跑。跟父母同住也好，跟丈夫、公婆同住也好，她没办法让别人都按照她的心意做事，不能满足她的全能自恋，就会非常沮丧或者暴怒。只有独处的时候，她才感到对一切尽在掌握，才能保持平静。

✷ 给予孩子适当的回应

如果你的孩子还愿意跟你交流，把自己身边发生的事说给父母听，那问题就不严重，这个时候父母所要做的，就是停下手头的事情，专心听孩子说什么就好。如果父母确实比较忙，那么至少可以每天抽10分钟，或者每周抽

1 小时听听孩子的想法，表达父母对孩子的重视。

　　如果孩子已经习惯于不跟父母交流了，那就已经传达出了危险信号。这个时候父母不要急着唠叨，不要急于跟孩子聊天。因为父母咄咄逼人地要求跟孩子沟通，会让回避型的孩子产生退缩、回避的想法。尤其是一些父母，一跟孩子聊天就不由自主地聊到学习，孩子只会更想逃避。

　　正确的做法是不用刻意跟孩子套近乎，但是要随时关注他的状态。比如发现孩子有段时间很高兴，就假装不经意地说一句："你看起来很高兴啊，有什么好事吗？"如果孩子没有回答，或者随口敷衍过去，也不必追问。下次发现孩子情绪有波动，还是这样主动询问："怎么了？不开心吗？"

　　这样做的目的，是让孩子明白，你在关注他，你的内心很在意他。久而久之，他会愿意跟父母交流的。需要注意的是，如果孩子幼年没有得到很好的照顾，有全能自恋倾向，他跟父母交流的时候很可能会忍不住发脾气，然后回避与父母深入的交流。因此当孩子发脾气的时候，不要去跟他正面冲突，父母可以适当退让。记住一点，包容和爱能化解一切问题。

第四章

学习成绩从不是全部

不要在人生的开篇就定义他的结局。

望子成龙，望女成凤，是人之常情。作为衡量孩子前途的主要指标，大多数父母难以免俗地会过分注重成绩。

作为唯一的可量化指标，成绩确实更容易吸引眼球。但是家长必须明白，孩子是鲜活的个体，不是考试的机器。除了分数以外，还有很多方面值得我们注意。

除了考试成绩，他们是否开朗，是否有创造力，是否有毅力，遇到困难后能否想尽办法克服困难，以及他们的心理是否健康等，才是决定孩子今后是否能健康快乐，取得成功的关键。

孩子成绩不好，更容易陷入抑郁

☀ 课业负担对孩子来说是无穷的压力

现在的孩子处在充满竞争的社会。从老师到父母，再到孩子，每个角色都生活在竞争和焦虑之中。大多数时候，这种焦虑来自于孩子的成绩。12 年寒窗苦读，每一步都不能走错。在许多省市，只有一半的初中生可以升到高中，有资格参加高考。但就是在已经筛选掉这么多孩子的情况下，高考的竞争依然史无前例地激烈。

2020 年各省高考分数一出来，全国哗然。高考 700 分以上的学生太多了。河北省的"一分一段"表显示，全省 700 分以上的学生总计 108 人，超过 600 分以上的学生超过 3 万人。这个分数太吓人了，高考总分 750 分，700 分相当于高考每门课平均分超过 93 分。任何一个小失误都不能犯，改错一道选择题，写错一道填空题，都只能眼睁睁看着成千上万人从你身边呼啸而过。

以前曾经有人在知乎上提问，高考 700 分和 700 万，你选哪个？没想到，通货膨胀还跑不过"通分膨胀"。几年前 700 万能买一套房，现在还是能买一套房，最多面积有点出入。但 700 分却有可能上不了清华北大了。

河北衡水模式，让广大老师、家长和学生认识到，只有大量刷题，才是高考拿高分的唯一出路。看看衡水中学的作息时间表: 早上 5:30 起床, 然后跑步, 6:00 到 6:30 早读, 之后每个年级有大约 15 分钟时间吃早饭。午餐时间和晚餐时间都不超过 20 分钟。一直学到 22:30 才熄灯睡觉。

虽然学生们也有 7 个小时的睡眠, 但这个强度比 "996" 的上班族还大。孩子连续十几个小时高强度学习, 天天如此, 从不间断。衡水中学每个月大概只有一至两天休息, 法定假日、寒暑假几乎很少休息。即便休息, 学生们也不会真的有所松懈, 在家也一样要学习。

可怕的是, 衡水的成功令部分高中奋起效法, 比谁的学习时间更长, 谁刷的题更多。

这种激烈的竞争也越来越呈低龄化的趋势。原本高三学生这样, 后来高二的学生也这样, 接下来初中、小学, 甚至幼儿园的孩子都早早开始了竞争。想象一下, 你在电影院看电影, 第一排的人站了起来, 第二排的人不得已也只有站起来, 最后整个电影院的人都只能站着看, 看的还是那部电影, 只是观影体验更差了。

知乎上有个初三学生, 说了自己的学习经历。

他是一个寄宿制学校的学生。每天晚上 12:00 入睡, 早上 5:30 起床。课间没有人走动, 除了上厕所, 大家都趴在桌子上争分夺秒地睡觉。上课的时候, 看黑板上的字都发飘, 孩子们担心自己睡着, 只能集体到教室后面站着上课。

中午也没有人准时吃饭。班主任会在教室里说："想吃饭的去吃饭，想留下学习的学习。"没有人敢主动走，否则会被班主任嘲讽。午休时间，学校要求大家躺在宿舍被窝里休息。然而，没有人睡觉，大家都躲在被子里背书。不是因为睡不着，而是别人都在背书，你不背就有一种罪恶感。晚上 10:30 熄灯，大家却要一直等到 10:30 才回宿舍，然后摸黑洗漱，躺到床上。但大家一时也睡不着，都焦虑得失眠。

孩子的压力太大了，即便父母不给他们施压，他们已经非常焦虑了。

☀ 衡量孩子的价值尺度太过单一

孩子的学习压力大得难以想象。在这样的学习强度之下，学校还在不停地给孩子灌输：你考不上重点高中，就考不上好大学。

在家里，他们什么也不用做，只要学习就好。在学校更是拼命地学习。只有当考出好成绩的时候，才能看到老师、家长的笑脸。孩子太苦了。

当一个人只能用一个价值来衡量的时候，是非常危险的。想象一个绝世美人被毁容，一个盖世英雄失去了双腿，那种悲怆和绝望，这就是一个一门心思读书，两耳不闻窗外事的孩子成绩下降时的感受。

孩子们正值青春少年，本该有多姿多彩的生活，却被分数分成了三六九等。学习差的孩子便无立锥之地，学习好的孩子也时时刻刻在惶恐之中，担心自己成绩下滑。

可以说，这种压力已经到了畸形的程度。

有个重度抑郁症的高二学生在网上倾诉，他因为抑郁症试图自尽，结果没成功。他半夜从昏迷中醒来，第一个反应居然是去补作业。平时抑郁症发作的时候，他就一边哭一边对自己说："我一定要考好的大学，我不能不读书。"

学校和家长都劝他休学，可他坚持不休学，并且反复签保证书说自己没病。因为患抑郁症要吃药，会抑制记忆力，他的记性很差，只能反反复复背书，直到记住为止。

真的很心疼这些孩子。人生本该有许多选择，可他们的路却越走越窄，最后仿佛只剩下一条路：考大学。孩子稚嫩的肩膀，实在是背不起这样的重荷！

孩子成绩下滑，父母能做些什么

☀ 成绩下滑的诸多原因

当今，孩子们的学业压力很大，如果孩子成绩突然下滑，父母一定要引起重视。成绩并不仅仅代表了学习的效

果，还代表了孩子在一个阶段的状态。

有位三十年教龄的数学老师曾经说过，数学成绩稳不稳，反映了孩子的心理状态稳不稳。心理状态稳定的孩子，数学成绩应该是稳步上升的。反之，如果一个孩子数学成绩突然大幅下降，那他多半是心理出现了问题，或是家里父母吵架了，或者自己在学校跟同学闹矛盾，甚至受到霸凌了。

孩子学习成绩如果突然下降，父母应该第一时间给孩子心理支援，在了解孩子的成绩为什么突然下降的前提下，再进一步考虑对策。

孩子的成绩突然下降，原因可能很复杂，但归根结底就是一句话：孩子的注意力不完全在学习上，一定有什么东西分散了孩子的注意力。

☀ 家庭关系不和谐可能导致孩子成绩下降

家庭关系的好坏直接会影响到孩子的学习状态，年龄越小的孩子越容易受家庭环境影响。

我读小学的时候，我们班班长是全班成绩最好的。那时老师都是根据成绩来选班干部的。她当了四年班长，临近五年级毕业的时候，她的成绩突然急速下降，从年级第一降到年级第三十名。对此，班主任挺着急的，还专门去她家家访。（以前有经验的老师一旦发现孩子成绩下降，都会第一时间去家访。因为学校里如果没事，那一定是家里有事。）

果然，班长的爸妈正在闹离婚。那个年代，离婚的人还是比较少的，班长邻居家的孩子也是我们一个班的，班上就悄悄地传开了：班长爸妈离婚了。现在回想起来，班长可能是自卑吧，她接受不了父母离婚这个事实，也害怕被同学看不起。

☀ 人际关系不和谐会造成孩子成绩下降

人际关系也是影响孩子成绩的一大因素，某种程度上，人际关系的影响比家庭关系给孩子造成的影响更大。

某高校教授曾经做过一个统计，全年级成绩排名第一和第二的学生，来自同一个寝室。排名第四和第五的同学来自同一个寝室，排名第六和第七的同学也来自同一个寝室，排名第八和第九的同学，还是来自同一个寝室，一路看下去，排名最后两名的同学竟然也来自同一个寝室。

这是巧合吗？不是。比起原生家庭，同龄人的影响力可能更大。

1933 年，美国印第安纳大学心理学教授温斯洛普用自己的孩子做了一个实验。他和妻子把一只名叫 Gua 的七个月大的雌性黑猩猩放在家中，和自己十个月大的儿子小唐一起抚育。这只名叫 Gua 的黑猩猩和小唐受到了同等待遇的抚育。他们吃一样的食物，穿一样的衣服，一起洗澡，一起刷牙，Gua 和人一样上厕所。

Gua 很聪明，除了不会说话，大部分活动它都比小唐学得快。Gua 看起来更像一个乖宝宝。这个故事最后非常令人唏嘘，并不是黑猩猩 Gua 被训练成了人，而是男孩小唐的行为越来越接近黑猩猩。明明小唐的年龄比黑猩猩还大一些，可他就像一个小跟班一样，一直跟在 Gua 屁股后面。Gua 做什么，他就做什么。

小唐 1 岁半的时候只会说三个英语单词。而普通美国孩子在他这么大的时候，至少能说 50 多个单词，还能说一些简单的短语。最后这个实验只能被迫终止。

同伴对孩子的影响既然如此大，一旦出了问题，孩子的成绩必定会下滑。孩子因为人际关系而导致成绩下滑的原因有很多，可能是和朋友吵架了，整天琢磨着如何和好，或者可能是交了爱玩儿的朋友，把孩子的注意力吸引了，还可能是孩子开始恋爱了。甚至有可能是孩子在学校遭到了霸凌，给孩子带来了巨大的精神压力。

我有个朋友，她的儿子有一段时间考试分数很低，成绩非常不稳定。她是个比较宽和的妈妈，并没有批评儿子，甚至因为担心会伤害孩子的自尊，刻意不去过问孩子的成绩。后来她才知道，儿子班上的同学一直在用侮辱性语言骂她的儿子。这样的情况已经持续半年了，给她儿子造成了非常严重的精神压力，而她一直对此一无所知。如果成绩下降的时候，她能早一点询问原因，儿子的心里就不会遭受煎熬了。

✳ 沉迷手机、游戏，以及各种癖好都会造成成绩快速下滑

随着电子产品的普及，沉溺电子产品也是孩子成绩下滑的主要元凶。手机、游戏、网络小说等，诱惑力实在太大了。

当年，我就读的高中是市重点。那个年代还没有智能手机，但电脑游戏十分流行。我们班有个男生，他外公很宠他，给他买了台电脑。只要他妈妈出差，他都会通宵玩儿游戏。妈妈在家的时候，他就等妈妈睡了，偷偷爬起来接着玩儿。那段时间他的成绩下滑非常明显，上课就是睡觉，下课就和几个男生聊游戏。最后，他妈妈管不住他，只得让他住校，这以后他的成绩才算有了起色。

✳ 心理疾病会造成成绩快速下滑

心理疾病也是影响孩子成绩的主要因素。凡是患有青春期抑郁症，或其他青春期心理疾病的孩子，成绩无一例外都会受到影响。此时，父母关注的重点不应该在成绩上，而应该放在孩子的心理问题上。

父母要体谅患了心理疾病的孩子，他们是病了，不是不爱学习，而是无法安心、专注地学习。

✳ 帮助成绩下滑的孩子

面对孩子学习成绩突然下滑，父母一定要提高警惕，

一定要对孩子保持高度关注。父母在相对轻松的氛围下，找孩子聊聊天，了解一下孩子成绩下滑的原因，看看可以为孩子提供什么帮助。

如果孩子不愿意告诉父母自己学习为什么受到影响，父母不要逼着孩子非说不可，也不要立马要求孩子专注于学习。这都是治标不治本的。其实影响孩子成绩的因素不多，父母可以挨个排查，很容易找到症结。

只有帮助孩子解决了造成成绩下滑的问题，孩子才能专注于学习。

有一个案例，一个17岁的女孩得了青春期抑郁症，无奈休学了。她原本成绩非常好，是有希望考取清华、北大的。为此，父母非常着急，一直在求医问药。每次看病，父母一开口，第一句就是问医生，孩子什么时候能恢复上学。其实孩子的心结没打开，这么急着让孩子复课，只会让孩子觉得父母只关心她的学习，而不关心她，反而加重了她的病情。

提高成绩是解决了孩子身体或心理问题之后的事情。专注于学习的孩子，成绩提高是很快的，父母再在学习上帮孩子一把，提高成绩应该不难。

拖延症，是因为无法面对挫折

☀ 拖延症的原因

在之前讲有完美主义倾向的孩子的时候，我说过，越追求完美的孩子，越喜欢拖延。因为他们害怕失败，希望一次就能做到完美。他们之所以拖延，是为了维持自己"完美的幻想"，然而等他们真正开始做了，就会打破这种完美的假象。

这种心理的背后，其实是一个孩子害怕受到挫折，害怕失败的脆弱心理。你可以试着观察一下孩子，凡是他很拿手的功课，他都会第一时间把它做好。因为他有信心可以很顺利地完成。

相反，孩子拖拉，做作业慢，可能是他对这个科目没有把握完成好。孩子知道自己在做的过程中一定会遇到困难，受到挫折，所以他就一直拖着，拖到拖不下去为止。

我曾经给一个四年级的小女孩辅导作业。她比较擅长数学，每次数学作业拿出来很快就完成了。但是写作文时就会拖延。我坐在一旁看着她写，大概一个小时，她只写了半句话，还擦掉了3次。

大多数孩子写作文的方式都是想一句写一句。喜欢追求完美的孩子总是从头到尾把之前写的内容读一遍，之后再写下一句，所以很多孩子写作文特别容易卡壳，越是卡壳，越害怕写作文。最后完成一篇作文就会拖得时间特别长。

我陪着小女孩写作文的时候，就想观察一下她在不受干扰的情况下需要多久才能写完。结果3个多小时她都没写完一篇500字的作文。中间上了3次厕所，倒了2次水，啃烂了一个铅笔头。她在写作文过程中，表现的就是一直拖延，一直很受挫。

人在受到挫折的时候，需要消耗很多精力去对抗这种沮丧的情绪，所以孩子的注意力有相当一部分在对抗自己的沮丧感。当父母发现孩子写作业、做功课的时间越来越长，越来越拖拉，可能孩子就已经遇到问题了，而且可能孩子不知道该怎么对抗挫折。

有的孩子在遇到难题且拖延不下去的时候，会容易哭，爱发脾气。这是孩子受挫能力低下的表现，是孩子需要父母施以援手的信号。

☀ 解决孩子的拖延症

如果孩子写作业拖拉，有畏难情绪，每天都一直到快睡觉才能写完作业，完全没有其他空余时间，甚至耽误睡眠时间，这意味着父母需要出手改变这样的情况了。

有些父母可能认为先让孩子完成最简单的任务，这样可以留下充足的时间来完成最困难的任务。这种做法如果奏效，父母就不会觉得孩子完成高难度任务困难了。因为简单的任务完成后，等于默许从当前到规定上床的时间都留给孩子来完成困难的任务。这样孩子觉得自己还有充裕的时间可以拖延，导致一边写作业一边开小差。

作为父母，如何解决孩子的拖延症呢？简单说就是找到孩子最畏惧的一件到三件事，先让孩子做他认为最难的任务。做的过程中，要排除一切干扰，不留犹豫的时间，不要畏首畏尾。

假如孩子有四项作业要完成，其中他最害怕的是作文，其次是做语文卷子，再次是做数学卷子，最后是他最喜欢的。那么他写作业的顺序就可以是先写作文，后做语文卷子，再做数学卷子，最后做他最喜欢的作业。

开始写作业之前，孩子还需要做一些准备工作。首先，让孩子收拾书桌，桌面上除了写作业必须的物品，其他东西都收起来。不要让孩子磨蹭拖延，尤其是期间吃、喝。因为一旦孩子有时间犹豫，他就可能产生逃避心理，不自觉地拖延。

准备工作完成后，父母可以让孩子罗列好今天要完成的学习任务，按照难易程度进行排序。

如果孩子鼓足勇气，专注地开始学习，孩子会发现自己畏惧的挫折其实并没有那么可怕。当然，如果孩子能进入"心流"的专注状态，就更容易攻克拖延症了。

最后，孩子在写作业的时候，父母不要过多干涉。父母不要时不时去查看他字写得好不好；不要在孩子出错时立刻尖锐地指出来。这样不但影响了孩子的专注力，还会提高孩子的挫折感。孩子越觉得受挫，就越容易产生畏难情绪。

父母应该明白，提高孩子的抗挫能力，不能通过增加孩子的挫折感来达到目的，而是要通过帮助孩子克服困难来解决问题。

不要做让孩子"压力山大"的父母

☀ 父母需要优先解决自己的焦虑

众所周知，成绩的好坏直接影响孩子能不能升入好的初中、高中、大学，更会影响到他将来进入社会的起点。

这是一个很现实的问题，很容易让父母感到焦虑。说到底，这是因为读书看似是保证孩子前程最安全，也是最捷径的一条路。它并不是唯一的一条路。

教育专家李玫瑾把人的能力分为三种。第一种能力是认知能力，也就是"智商"，包括感知力、注意力、观察力、记忆力和思维能力。这种能力决定了孩子能不能学好文化课。第二种能力是特殊能力，也就是天赋。例如绘画、音乐、表演等。天赋通俗地说就是"老天赏饭吃"，这种能力最能体现一个孩子的优势。第三种能力是技能，就是通过重复训练后学会的能力。比如，各种体育运动、琴类，等等。

以上的三种能力各不相同，每个孩子所拥有的能力也不尽相同。只有把这三种能力合在一起，再结合孩子的性格，才能判定一个孩子以后的方向。

无论父母有多着急，多焦虑，都不能代替孩子走这人生路。学习不好的孩子，在某一方面的天赋突出，说不定也能成为某一领域的专家，至少也能确保衣食无忧。学习不好，也没有天赋的孩子，会某项技能，比如弹琴，或者跳舞，也会发展得很好。哪怕以上能力统统没有，但孩子性格好，也有属于他的路。

家长不要成为孩子的拦路虎。无视孩子的天赋、技能、性格，逼着孩子死读书，最后书没读出来，天赋也没了，技能也没了，连性格都被逼得扭曲了。

李玫瑾的女儿从小数学就不行，及格都达不到。每次报数学成绩的时候，女儿对她说："妈妈，你做好准备了吗？"李玫瑾笑着点点头。女儿轻声说："只有15分哦，满分150分。"李玫瑾依然不为所动，说："这不赖你，是遗传基因不好。"见女儿还是有点低落，李玫瑾又说："你看看你有哪门学科成绩能排到全班前三，咱们下学期的目标就是：不管是什么学科，只要有一门能考到全班前三就行。"

过了一学期，女儿果然回来报喜，说："妈妈，我地理考到了前三。"李玫瑾很高兴，告诉女儿："你去给你们班数学课代表说，你看，我数学虽然不如你，但是我地理比你强。"

因为女儿的数学实在太差了，老师跟李玫瑾直言："你这孩子肯定考不上大学。"李玫瑾当时就怒了，直接怼回去："据我所知，丘吉尔数学不及格，戴安娜数学不及格，但这不影响他们成为名人和伟人。"

事后，班主任悄悄给李玫瑾说："年级组长说了，你的孩子你自己管，我们不管。"

作为一个母亲，李玫瑾也不是没犯过愁，她设想过，万一实在不行，可以让女儿去当导游，因为她觉得导游这职业每天走很多路，可以锻炼身体。她也想过让女儿去做文秘，整理档案需要细心的女孩子。她还想过让女儿开个小店，因为她女儿喜欢做手工。李玫瑾也想过送女儿出国读书。结果没想到，女儿非常肯定地说："我不出国，我在国内都学不好，出去也学不好。妈妈，我将来要当音乐老师。"

李玫瑾一听就乐了："当老师挺好的，能自食其力，孩子的性格也适合当老师。"于是她就大力地支持女儿当老师。后来李玫瑾就真的不逼着女儿学数学，而是通过艺考上了北京的一所

211 大学。她女儿是那所高中里唯一考上重点大学的学生。女儿毕业后，如愿以偿，当上了一名音乐老师。

这个事例并不是说学习不好的孩子都应去艺考，而是说家长要有一个全局观，结合孩子的长处和强项为孩子找出一条属于他自己的路。父母不要死死盯住学习成绩不放。

很多时候，父母的焦虑根源不在孩子的成绩上，而是在自身。比如，一个妈妈，单位里正在裁员，35 岁以上的员工都有危险。她就会很焦虑，在看到孩子成绩的时候，就会联想到孩子将来的出路。实际上，她这是在为自己焦虑，因自己缺乏竞争力而忧心忡忡。

作为父母，一方面要认识到成绩不是决定孩子出路的唯一因素，另一方面也要学会分辨，不要把自己的焦虑转嫁给孩子。

☀ 一味注重孩子成绩，不但伤害亲子感情，效果也不好

父母只注重成绩，会引发孩子许多问题。

首先，会影响亲子关系。孩子会认为，父母爱不爱他，完全取决于他的成绩。成绩考得好就爱他，考得不好就不爱他。

其次，父母只注重成绩，会影响孩子在关键考试时的发挥。很多父母，在平时不停地给孩子强调，你中考 / 高

考一定要考好，如果考好了，能进一个好学校。如果考不好，将来考不上大学。

长此以往，孩子会在潜意识里放大对关键考试的恐惧。那么在考试时，孩子也容易因为心理因素导致发挥不稳定。

父母太过注重成绩，可能会让孩子价值观单一，习惯性地否定自己。

有个孩子在网上倾诉，说自己读高中的时候特别累。因为她感觉从小到大，父母只关心她的成绩。她的爸爸妈妈即便在她过生日的时候也不会给她买礼物，只会在她考到年级前三的时候给她奖励。

她的妈妈过生日，她精心准备了贺卡和手工小礼物送给妈妈，却只换来妈妈的一句："弄这些干嘛，浪费时间，你好好学习就是给我最大的礼物了。"孩子喜欢看书，喜欢画画，妈妈认为全都是浪费时间，让她把全部的时间都用在学习上。

这导致了她对自己的要求很高。初二的时候，她考了年级第二，自己还非常自责，哭了半天。结果妈妈来了一句："知道错了，下次改了就行。"这句话深深刺痛了她，她努力地学习，考到第二名，而在妈妈眼里，原来没考到第一就是做错了。

这个孩子虽然成绩一直不错，但她有严重的青春期抑郁症，总是找不到学习的理由和目标，经常用小刀在身上划。

父母可以重视成绩，但绝对不要唯成绩论成败。平时和孩子的交流，不要局限于成绩，不要让孩子觉得自己只是一个学习的工具，父母养育自己只为了能考个好成绩，好让父母在人前炫耀。

当孩子的考试成绩不尽如人意时，父母不要一个劲儿地训斥孩子。重要的是发现孩子的薄弱环节，帮助他攻克难点。保持着这样的态度，孩子学习才会后劲足，能够在今后的学习中取得更大的进步，同时还保持一个相对健康的心理。

第五章

社交，孩子成长的第一课

每一次冲突，都是一次沟通的机会。

现在一个家庭都只有一个或者两个孩子，因此家里的小孩子会得到家长们更多的关注和爱护，这也导致了很多孩子上了幼儿园后不太会和小朋友相处。进入小学阶段又由于课业繁忙，孩子放学后跟小朋友相处的时间也有限。因此现在的孩子很容易出现人际关系方面的问题。

对于孩子来说，人际关系方面的问题是严重而又隐秘的挫折。家长一定要高度重视孩子在交友方面的情况。

孩子不合群，父母能做什么

☀ 幼儿园孩子的烦恼

幼儿园的孩子会有人际交往方面的烦恼吗？是的，幼儿园是大多数孩子首次接触家庭以外小伙伴的场所，很多孩子想跟小朋友玩却不知道怎么沟通。家长可能更多地关心孩子吃得好不好，睡得好不好，而很少注意到孩子上幼儿园时所表现的分离焦虑，更不会关注孩子有没有开始尝试交朋友，或者在交友方面有没有受挫。

幼儿园生活纪录片《小孩的神秘生活》真实地展现了孩子在幼儿园中的生活状态。该纪录片讲的是个有些腼腆的小男孩许家润，平时主要由姥姥照顾他的生活起居。在进入幼儿园后，他一直是那个游离在集体之外的孩子。

别的孩子早就打成了一片，但却都不欢迎许家润。他刚要坐下，别的孩子就过来赶他。原来是小朋友为了给自己的好朋友留位子，不让他坐。

许家润被驱赶，又没有别的小朋友接纳他，他只好一边抹眼泪，一边说："我要去找姥姥。"节目中，老师问其他小朋友："喜欢许家润吗？"小朋友异口同声表示不喜欢，因为他太爱哭了。

自由活动的时候，小朋友都在玩旋转圆盘，许家润也想加入，但是上面的孩子并没有停下来等他。许家润想要上去却被圆盘甩出去，摔到了地上。

作为家长，看到孩子一次又一次不得要领地尝试加入集体，却一次又一次失败的时候，还是很心疼。

其实，许家润会很多才艺。他外婆养育得很精心，却没有教过他该如何交朋友，如何融入集体生活。父母不要认为没有朋友的孩子一样能健康成长。早期在幼儿园受到的排斥会严重打击孩子的自信。这让孩子反感集体生活，在跟人交往的时候也会显得很自卑。

有些孩子会莫名其妙地排斥去幼儿园，父母可能认为孩子在幼儿园里被小朋友欺负了。实际上没有小朋友欺负他，而是他没有融入集体。

父母要知道，幼儿园是孩子踏入社会的第一步。这是第一个不会迁就孩子的环境，父母没有办法要求别的孩子接纳自己的孩子甚至哄着自己的孩子，只有靠孩子自己适应环境。此时父母一定要摆正自己的位置，既不能代替孩子交朋友，也不能告诉孩子："他们不喜欢你没关系，你自己玩就行了，爸爸妈妈给你买好多玩具玩。"父母要学会做孩子的导师，一步一步引导孩子学会如何交朋友。

✦ 什么样的孩子容易出现交友障碍

不是每个不合群的孩子都会向父母倾诉或求助。因此父母需要观察孩子的社交情况。

由于孩子的社交活动大多都发生在幼儿园和学校，父母可以创造让孩子接触小朋友的环境，以观察孩子的社交能力。同时也不能忽视孩子在幼儿园、学校的交友情况，父母可以多问问孩子，比如最要好的朋友是谁，有几个朋友等问题。

那么，哪些孩子容易出现交友障碍，导致交不到朋友呢？

内向的孩子和胆怯的孩子比较难以融入集体。

内向的孩子和胆怯的孩子交不到朋友都是性格上的原因。内向的孩子不太愿意主动请求加入集体活动，他们往往很害羞，比起要求和小朋友一起玩，他们更愿意做一个旁观者。

胆怯的孩子不仅害怕开口，更害怕被小朋友们拒绝。有时他鼓足勇气，试着向小朋友提出一起玩耍的请求，也会因为胆小而说话的声音太小，不会引起注意。他的不自信造成自己很难找到朋友并且融入集体，而对方的不在意又进一步加重了他们的不自信。如此就陷入了恶性循环。

太受宠溺的孩子比较难融入集体。

在家受溺爱的孩子，也会比较难以融入集体。备受宠爱的孩子，在家通常都扮演着"主角"。玩耍的时候孩子总是全家的焦点，甚至爸爸、妈妈、爷爷、奶奶在孩子玩游戏的时候都迁就他。这就养成了孩子唯我独尊的性格。当孩子离开家庭进入集体时，别的孩子是不会迁就他的。

在集体中，习惯了被偏爱的孩子通常会受到很严重的挫折，受挫情绪在行为上就会表现得爱哭、爱生气、耍赖等。这些行为在交往中都是不受小朋友欢迎的，所以受溺爱的孩子会很难融入集体。

竞争意识太重，攻击性强的孩子难以融入集体。

不服输，爱攻击人的孩子很难被小朋友所接受。这一类孩子的性格往往不是天生的，而是父母在后天养育过程中有意无意引导的。有的父母对孩子的输赢看得非常重，常常流露出希望孩子胜人一筹的想法，因此孩子也会变得对胜负斤斤计较。而有的父母特别喜欢拿自己的孩子跟别人家的孩子作比较，动不动就对自己孩子说："你看谁家的孩子，在哪方面比你好多了。"久而久之，其他孩子都会成为自己孩子的假想敌，而孩子自己也会什么都跟别人攀比。

攻击性强的孩子在集体中往往不受欢迎，因为他们缺乏集体意识，不善于团队合作，例如在玩游戏的时候他们会很要强。

　　另外，有的父母非常担心孩子在幼儿园、学校受欺负，因此会刻意给孩子灌输"被打要还手"的观念。这令孩子在集体中没有安全感，容易把同伴无意识的举动误会为欺负自己的信号，然后进行还击。这样的孩子在集体生活中会与别的小朋友起摩擦，而且攻击性很强。他们也会成为小朋友敬而远之的对象。

　　以上三种类型的孩子在集体生活中都会感到不适应并且受到小朋友排斥。因此父母要避免过分溺爱孩子，不要总是拿孩子跟别的孩子做对比，以及尽量避免向孩子灌输"绝不吃亏"的观念。父母应鼓励孩子大胆地交朋友，积极地投入集体活动。

☀ 如何让孩子学会主动交朋友

　　当孩子在学校没有朋友或受到小朋友排斥时，无论他表现得再怎么坚强，内心也是非常痛苦的。心理学家阿德勒曾说过："孩子的所有行为都在于追求价值感和归属感。"为了达到这一目的，孩子们会做出很多努力，包括一些在旁人看来非常笨拙的努力。

　　比方说有的孩子会采取对同学做恶作剧等方式试图引起小朋友的注意。然而，这种行为本身非常惹人厌烦，进而让孩子受到排挤。反过来孩子又会做出更加惹人厌烦的举动，从此陷入一个恶性循环。

当发现孩子交友困难时，父母要密切观察孩子，在必要时予以援手。为什么说要先密切观察呢？首先，儿童虽然从三岁起就会有社交行为，但是真正有效的社交互动至少要到四五岁以后。对于太小的孩子，父母不必过于忧心孩子的社交能力。其次，有的孩子交友很有选择性。他们可能跟一些小伙伴没办法交往，但是跟另一些孩子能玩到一起。这都是正常的，父母对此不必一惊一乍，自我认为孩子出现了社交困难。

但是当孩子想交朋友却不断遭到拒绝，情绪低落或主动向父母求助时，父母应该立刻对其进行帮助。对于孩子交友困难，父母可以采取以下方法：

对于较小的孩子，父母要逐字逐句教孩子开口跟小朋友提出交往请求。必要时父母与孩子可以反复进行对话演练。

其次，父母要告诉孩子一般的交往规则，让孩子做到不被小朋友排斥。比如，告诉孩子不能打人，玩玩具要遵守"先来后到"的原则，小朋友不愿意的情况下不能抱人家，不可以骂人，不可以向小朋友吐口水等基本的交友注意事项。

对于大一点的孩子，父母可以给孩子创造出跟小朋友交往的机会。比如，经常带孩子去小朋友多的公园、游乐场玩。对于内向的孩子，父母还可以借孩子生日的机会，邀请小朋友来家里玩。在熟悉的环境里，孩子会更放得开自己。

最后，如果孩子因为性格或者生理上的原因受到小朋友排斥，父母可以和孩子一起找到受到排斥的原因。对于天生的生理原因，父母可以向老师求助。如果孩子因为爱哭、娇气、爱打人这样的性格原因而受到排斥，父母需要帮助孩子一起矫正这些行为，改正错误。

只要父母有心，多数孩子都能拥有正常社交关系。当孩子有了朋友，他们就有了归属感，行为也会越来越好。

校园霸凌，父母是关键的底线

校园霸凌，零容忍

如果说孩子不善交友，父母尚可袖手旁观，多观察，等待孩子自己学会社交技能。但是，校园霸凌一旦发生，父母的态度就是零容忍，一定要立刻介入。

首先，如何区分校园霸凌和普通矛盾呢？

在讨论校园霸凌之前，我们要弄清楚什么是校园霸凌？

因为校园霸凌的危害性被越来越多家长所认知，有的家长认为只要孩子在学校被欺负，就是被霸凌了，继而把事情闹大。

上海曾发生了这样一件事。两个三年级的男孩闹矛盾，一方父母认为对方经常来找自己儿子麻烦，已经构成欺凌，所以在班级微信群质问对方家长。双方家长发生口角，相约校门口打架促使矛盾升级。最后，其中一个爸爸被打破了头，送进了医院。

事后复盘发现两个孩子虽然有矛盾，但远远称不上欺凌，仅仅是类似做操时一个孩子不小心踢到另一个同学这样的小事。结果两个父亲大打出手，但两个孩子已经和好如初了。

孩子之间并非有矛盾就一定构成校园霸凌，校园霸凌的定义是一个学生长时间、重复地暴露在一个或多个学生主导的欺负或骚扰行为之中。

要鉴定孩子在学校是否发生了校园霸凌，父母首先要听孩子倾诉。其次，要注意观察孩子的精神状态。如果孩子出现精神萎靡不振，不愿意上学，晚上做噩梦等情况，就有可能是遭到了校园霸凌。当然，这并不是绝对的，有时候学业压力大也可能出现这样的症状。

当孩子精神上出现明显的焦躁等症状，并表示自己在学校受到欺负时，父母就可以基本确定孩子遇到了校园霸凌。

校园霸凌并不仅仅是身体遭到欺凌。校园霸凌主要分为四种：冷暴力、语言暴力、肢体暴力和其他暴力。

冷暴力就是联合一些同学，对孩子进行孤立。一个没有集体归属感的孩子是很缺乏安全感的。相比交不到朋友，冷暴力带给孩子的精神压力会更大。遭受冷暴力的孩子，很可能变得厌学，流露出想要转学的意愿。

此外，孩子常常会产生误解，认为是自己做得不够好，所以才交不到朋友，因此受到冷暴力的孩子通常不会主动向父母倾诉。这需要父母细心的观察来发现端倪。

语言暴力就是使用谩骂、诋毁、蔑视或嘲笑之类的语言伤害同学，从精神和心理上打击孩子。语言暴力虽然不会在孩子的身体上留下痕迹，但会让孩子受到很严重的精神压力。

需要注意的是，遭到语言暴力的孩子往往得不到老师的注意。因为语言暴力由于很难留下证据，也容易被忽略。

肢体暴力，顾名思义就是通过物理打击对孩子的身体造成伤害。肢体暴力有可能留下痕迹，也有可能留不下痕迹。关键还是要看这样的行为是否给孩子造成了严重的精神压力。

除了以上三种暴力行为，给孩子造成严重精神压力的其他行为也属于校园暴力。包括勒索，要求孩子上缴零花钱，胁迫孩子逃学，在孩子的课桌里放虫子等。

无论哪一种暴力行为，只要对孩子造成了精神伤害，父母就绝对不能袖手旁观。孩子遇到校园暴力，家长不能让孩子自己去解决。

在影片《少年的你》中，少女陈念遭到以魏莱为首的女同学的欺凌。由于魏莱在学校中口碑较好，无论是从成绩还是从外表看都是好学生，老师也没有做到足够细心的观察，因此校园霸凌没有被及时制止。

陈念被逼得走投无路，最后失手杀害了魏莱，并因此毁了自己和同伴小北的未来人生。

剧中，少女陈念的周围没有一个可依靠的成年人，孤立无援的她承担了难以言表的精神压力。透过这部电影，我们也能感受到校园暴力那沉重且透不过气的压力。如果陈念的父母能够有所察觉并对她伸以援手，她一定不会被逼到绝路上。

父母有义务帮孩子扫清健康成长路上的绊脚石。

如何面对校园霸凌

面对校园霸凌，父母首先要做的是和孩子站到一起。无论父母最后决定去学校正面处理校园霸凌，还是教孩子独自处理校园霸凌，家长的首要任务是给孩子精神上和心理上的支援。千万不要站到孩子的对立面去指责孩子：为什么他们不欺负别人，就欺负你？你要在自己身上找找原因，一个巴掌拍不响，是不是你也有什么问题？

有的家长面对孩子受了欺凌，不分青红皂白地要求孩子打回去。这同样会给孩子增加巨大的心理负担。遭到校园霸凌的孩子往往没有力量回击，或者自己认为没有力量予以反击。

面对孩子遭到了校园霸凌，父母一定要意识到，主角是孩子，父母不要喧宾夺主，要多问孩子的感受，征询孩子的意见，看看孩子想要用什么方式来解决问题。父母一定要尊重孩子的想法，并在第一时间告诉孩子：这不是你的错。

这就是父母能给予孩子最好的支持。

其次，校园暴力不能靠"忍"来解决。所有的暴力行为，有第一次就有第二次。如果放任这种行为的存在，一定会对孩子造成难以愈合的伤痛。

父母可以到学校寻求老师的支援，也可以站在孩子身边，向霸凌者表示孩子是有人支持，不容欺负的。父母也可以鼓励孩子多交朋友，避免落单。如果所有的努力都无效，父母就要想办法给孩子换一个环境，避开校园霸凌的持续侵害。

面对校园霸凌，我们所有人都应坚决说不。

孩子经常被老师批评，父母如何应对

☀ 老师对孩子造成的影响

除了校园霸凌，老师的偏颇对孩子的影响也非常大。

我之前有个同事经常在好友群里抱怨，她的儿子平时比较调皮，又很粗心，还常常上课时破坏课堂纪律。老师便经常让她儿子罚站，动不动就喊家长到学校。

时间长了，孩子就对老师有了意见，总是和妈妈说，老师不喜欢他。他妈妈感到很为难，一方面觉得儿子犯的是小男孩都会犯的错误，老师有点小题大做；另一方面，妈妈又觉得老师说的有道理，为儿子不守纪律而感到焦急。她每次从学校回来后，都会狠狠地批评儿子。慢慢地，她儿子变得更调皮了，班主任老师教的语文课的成绩尤其差，字写得像天书一样，每次都被老师罚抄课文。

老师在学校里代表了绝对的权威。得不到老师的认可对孩子影响很大，而且往往是严重的负面影响。

某些时候，老师的威信大过父母。很多孩子在家不听父母的话，但是在学校对老师的话往往从令如流。因此老师对孩子看法比较负面的话，会影响孩子的自我评价，从而伤害孩子的自尊心和自信心。

长期得不到老师的肯定甚至会影响孩子的表现。孩子有可能破罐子破摔，按照老师的"预言"行事。比如，老师觉得孩子喜欢上课讲话或做小动作，孩子就会强化这样的行为。

另一方面，有的性格比较要强的孩子，在长期被打压下会专门和老师作对。凡是老师提倡的，他都不做，老师教什么，也更不好好学了。

社会心理学家希尔伯特曾经做了这样一个实验。他发现一个班有两位老师，一个老师很受孩子欢迎，而另一位老师则受到孩子讨厌。他故意给孩子放音乐，并告诉孩子，一首歌是受孩子欢迎的老师喜欢的歌，而另一首歌是不受欢迎老师喜欢的歌。结果孩子听完两首歌后，普遍表示前者比后者好听。

这就是典型的爱屋及乌。如果孩子不喜欢一个老师，他有很大概率也学不好那位老师教授的课。有的孩子甚至在课堂上故意和老师对着干，让老师更加厌烦，进而陷入恶性循环。

如果孩子不受老师喜欢，父母一定要引以重视。

☀ 老师不喜欢孩子，父母应该怎么办

首先，父母要尽量帮助孩子避免和老师对抗。当孩子觉得老师可能对自己有意见的时候，父母要帮老师说好话，不要让孩子觉得老师在刻意针对自己。事实上，很多时候老师也确实没有针对某个学生，任何孩子出现扰乱课堂秩序的情况，老师都会进行批评的。

老师因为孩子表现不好而把家长叫到学校时，父母要控制好自己的情绪。父母不要因为老师叫自己到学校而感到没面子，把负面情绪转嫁给孩子。相反，父母要帮孩子"抵御"一部分来自老师的压力。

例如，父母不要把老师对孩子的负面评价原封不动，甚至添油加醋地转达给孩子。父母要表扬一下孩子的优点，让孩子觉得，老师也能看得到自己的长处。

我一个闺蜜的孩子在一二年级的时候，活泼好动，爱表现，上课常常不等老师讲完就插嘴，而且他的问题很多，想到什么就问什么，也因此影响到老师的上课进度。

妈妈被老师叫到学校的时候，老师给她讲了一堆孩子的不足，要求她务必严格管理孩子的课堂纪律，不能再影响老师上课。闺蜜回家后，是这么跟孩子说的：老师表扬你了，说你上课积极发言，很有好奇心，非常好学。但是她有一点小建议，你上课发言的时候，不能打断老师讲课，这样是对老师的不尊重。老师还说，因为你平时发言非常

积极，所以要给别的小朋友也留一点发言的机会。总的来说，你还是非常棒的孩子，只要上课不插嘴，不打断老师讲课，老师是非常喜欢你的。

后来，闺蜜的孩子慢慢地在上课时就不随便插嘴了，成绩也有了提高。最重要的是，他从头到尾都没有感觉到老师不喜欢他，反而一直觉得老师很喜欢他。

其次，老师也是人，老师也会发火，也会生气，就像父母也会有忍不住想吼孩子的时候。如果老师偶尔有过激行为，对孩子说了过分的话。父母要帮孩子复盘。

父母先要让孩子站在老师的角度考虑一下，自己的行为是否会让老师感到生气。无论孩子是否犯了错误，父母都要安慰孩子，并告诉孩子，被老师批评，不等于他就不是一个好孩子。同样，老师有过激行为不等于他就不是一个好老师，师生之间要彼此谅解。

如果复盘下来，发现确实孩子做错了，父母要鼓励孩子主动向老师道歉，必要时家长也要跟老师进行沟通，并表示会教育孩子，争取让孩子下次不再犯这样的错误了。

如果老师确实因为种种原因针对孩子，在孩子没受到身体伤害的前提下，要求换老师或者转学。当然如果孩子身体受到了伤害，父母应该立刻查明真相。父母尽量对孩子以鼓励为主，增强他的自信，引导孩子从正面看待和老

师之间的冲突。尤其要告诉孩子的是，哪怕不喜欢某位老师，也一定不要通过不学习那门课来反抗老师。老师虽然对孩子的心理成长有负面影响，但父母适当的引导可以帮助孩子抵御负面的影响。

只要父母处理得当，不站在老师一边给孩子增加心理负担，孩子就能学会处理和各种冲突。这对于孩子社交技能的培养，也是有益处的。

与老师的冲突，也是孩子学习和成长的机会。

手心手背都是肉，父母该帮哪个

☀ 为何大部分父母都会偏心

孩子在人际关系中受到的挫折，除了来自学校，也有来自家庭的。相比同学、老师带给孩子的委屈，多子女家庭父母的厚此薄彼给孩子造成的心理伤害更大。

作为多子女家庭的父母，往往父母很难避免偏心。一个人的精力、财力和爱是有限的，有时给一个孩子多一点，就难免给另外的孩子少一点。加州大学戴维斯分校的社会发展学教授凯瑟琳·孔戈尔曾做过研究。她发现，65%的母亲和70%的父亲都承认自己对某个孩子有偏心。而这还只是问卷调查的结果，事实上有很多父母会掩饰自己的偏心，因此实际比例会比这更高。

一只手伸出来，十指还有长短。有的父母会偏向最大最健康的孩子，根据达尔文主义的解释，这是因为老大比年幼的弟妹更有机会遗传父母的基因。

有的父母偏爱成绩优秀、长相好看的孩子，因为这个孩子身上遗传了父母更优秀的基因，值得父母偏爱。

而最小的孩子被偏爱，则是因为他们采取了心理学上的"弱势策略"。他们会本能地展示出自己弱小的一面，来赢取父母更多的关注和偏爱。除此之外，根据富兰克林效应，父母往往对哪个孩子投入得更多，内心就更偏爱哪个孩子。所谓富兰克林效应就是在一段关系中，付出得越多，就会更愿意继续付出，也就更喜欢对方。富兰克林效应说明了人类都喜欢被需求的感觉，这给予了父母存在感和自我实现感。

总之大多数父母心里都有一个偏爱的对象。只是有的父母表现出来了，有的父母没有表现出来而已。但是对于孩子来说，父母的一点点偏爱都是十分明显的，差别对待是瞒不过他们的眼睛的。

✳ 父母的偏心对孩子的伤害很大

无论是不是被偏爱的孩子，作为多子女家庭的一员，或多或少都会受到一定的影响。

不被父母偏爱的孩子，会觉得自己的价值很低，导致孩子自尊心不强，甚至形成讨好型人格。

韩剧《请回答 1988》中的德善，是家中的二女儿。从小父母就偏爱强势又优秀的姐姐以及身为男孩的弟弟，却没人在意排行第二的德善。

德善的生日和姐姐接近，从小到大，父母都只给姐姐过生日，然后拔掉两根蜡烛就当是给德善过了生日。家里每次买一只熏鸡时，两只鸡腿，姐姐一只，弟弟一只，没有德善的。家里只剩两个蛋，煎成荷包蛋，也是姐姐一个，弟弟一个，其实德善也很爱吃煎蛋。德善还撞见父亲给弟弟买昂贵的"世界杯冰激凌"，这是她一直想吃，父母却舍不得给她买的。家里煤气泄漏，妈妈背出了弟弟，爸爸背出了姐姐，两人坐着喘了半天都没想起二女儿还在屋里。最后还是德善自己跑了出来。

德善是个非常善良的小姑娘，尽管她很爱爸爸妈妈，但父母的偏心让她一次次失望。终于她的委屈在她跟父母提出要求，希望生日不跟姐姐一起过，却得不到满足的时候爆发。

最重要的是，德善非常不自信，她既漂亮又善良，可她不相信别人会喜欢自己。对于感情，她从不敢主动出击，总是站在原地等待，谁对她表白，她就喜欢谁。这种性格的形成正是因为她在家里长期被父母忽视的缘故。

另一方面，德善的父母虽然偏心，但本心并不是故意忽略德善，而是不由自主地给了姐姐和弟弟更多的关爱。

网上有一个高赞答案，说有个女孩洗澡的时候习惯了让男朋友先洗，并且每天如此。男朋友对此十分不解，终于有一天问：为什么你总是不肯先洗呢？女孩脱口而出：因为男孩干净，女孩脏。男友愕然，问：谁跟你说的。女孩回答：从小到大，妈妈都是这么讲的。男朋友严肃而又认真地告诉了女孩：不是这样的，我们都一样干净，谁先洗都可以。

女孩躲进浴室，哭了很久。她想起这么多年，家里但凡有好吃的，父母总是给哥哥；有跑腿的活都是她干；哥哥复读花了一万，可她却连一本辅导书都没买过。

这个女孩的父母属于有意识地通过损害女儿的利益来让儿子过得更好。女儿从很小的时候，就接受了自己不如哥哥的"概念"，并让这种思想成了潜意识。如果不是洗澡这么一个契机，她都没有发觉自己受到了伤害。

如果没有觉醒，这个女孩的亲密关系也会处理不好，她会无意识地认为自己低人一等。她愿意做很多委曲求全的事来讨好另一半，又在受伤之后把一切原因归咎于自身：都怪我做得不好，是我不值得被爱。

父母的偏心对孩子的伤害还远远不止这些。

受到父母偏爱的孩子，也未必就如人们所想象的那样幸福。他们习惯了向父母和兄弟姐妹索取，把"为我付出"与"被人爱"画上等号。这些孩子在将来往往因为太骄纵而很难成事。

《欢乐颂》里樊胜美的哥哥一直在占妹妹的便宜，但自己却一直不得志。但有一天，妹妹想通了，不再向哥哥伸出援手，哥哥就过得更不如意了。

由此可见，在一个家庭中，父母的偏心对所有的孩子都是一种伤害。

☀ 如何纠正父母的偏心

作为父母，此时应该已经意识到偏心对孩子只有害处，没有益处。接下来父母该做的，就是纠正过去错误行为的，或者防患于未然。

有的兄弟姐妹由于性别不同或年龄差距较大，父母很难做到一碗水端平。比如，女孩喜欢小裙子，父母不可能给男生也买同样的东西。学龄的孩子需要辅导学习，小宝宝却可以玩耍，即便都要学习，大的孩子和小的孩子学习强度也是不同的。

有些父母希望自己不偏心，对每个孩子都一样，但在操作上会发现有很多困难。其实，即使父母不能做到对每个孩子一视同仁，但可以给孩子一样特殊的爱。

比如，每个孩子过生日可以挑选一件不超过多少钱的礼物。每个孩子每周都有一次和爸爸和妈妈的特殊时间。在这段时间里父母全心全意地单独和这个孩子在一起，做什么由父母和这个孩子商量着决定。当然，如果父母实在很忙，每个孩子花半个小时就可以了。如果孩子少，时间多，还是建议给每个孩子半天时间。

饮食上也可以如法炮制，父母不应区别对待，但可以"特别对待"。爸爸妈妈可以每个星期给每个孩子一次点菜的机会，孩子可以点一道自己爱吃的菜。对于类似鸡腿这样的"限量食物"，可以问清楚今天有哪个孩子想吃，哪个孩子不想吃。如果想吃的人数超过了食物量，那么就给爸爸妈妈吃。

比如，孩子们都爱吃鸡腿，三个孩子两个鸡腿，不够分。父母可以采取轮流的方式供应，也可以询问孩子有谁想吃鸡腿。如果三个孩子都争着想吃鸡腿，那么这两只鸡腿都让爸爸妈妈吃了。这实际上是一个"囚徒困境"，孩子们如果不谦让，最后大家都得不到期望的结果。

另外，父母需要注意的是，当孩子们争执的时候，父母不要总是试图插手，给孩子们当裁判。一旦陷入裁判这个角色，父母就会被孩子们没完没了地评判是否公平，哪怕父母本意并没有偏心。

　　年龄大的孩子教训小孩子的时候，父母也要尽量不作声，甚至对哥哥姐姐表示支持。哥哥姐姐管教弟弟妹妹并受到父母支持后，会自动地承担起照顾弟弟妹妹的责任，从而会减少兄弟姐妹之间的矛盾和冲突。

　　如果孩子们动手打架了，父母应该拉开孩子并对双方进行惩罚。此时父母注意应对所有动手的孩子要同时罚站，直到孩子们愿意彼此原谅为止。

　　父母对孩子们的平等对待，对每个孩子的成长以及对他们培养手足之情都是很有帮助的。

第六章

建立自我认知，让孩子更加自信

孩子的理性是不断成长的，不要喂养他们，而要引导他们。

什么样的孩子抗挫能力更强，面对挫折和挑战时更有力量？什么样的孩子能够在任何情况下都保持情绪稳定，不骄不躁呢？

人生之路漫漫，自信的孩子往往可以走得更远。一个人只有充分相信自己的价值，相信自己的能力，才不会在遇到困难时惊慌失措，选择逃避，甚至放弃。培养孩子的受挫能力，帮助孩子解决各种学业上、人际关系上的问题，归根结底还是要立足于培养孩子的自信，提高他们的自我价值感。

让孩子学会自我调节

☀ 同样的挫折，不同的孩子会有不同的反应

成年人往往有这样的体会，针对同样一件事，不同的人会产生不同的情绪，和不同的应对方式。孩子也是如此。

我曾去女儿的幼儿园当过一阵子义工。发现幼儿园的孩子在面对挫折时的反应各不相同。比如，当孩子正在玩的玩具被小朋友抢了之后，有的孩子直接哇哇大哭；有的孩子会毫不犹豫地把玩具抢回来，甚至不惜动手推打抢玩具的小朋友；有的孩子会先观察一下有没有老师在四周，有老师在的话，他就向老师告状，老师不在身边的时候，他就换个玩具继续玩；也有的孩子被抢了玩具后，就呆呆地坐在那，什么也不做，等过一会，才又找一个玩具来玩……

有意思的是，孩子的反应并不是一成不变的。隔了两个月我再去幼儿园的时候，发现有两个孩子在对待小朋友抢玩具这件事上，态度有了明显的变化。

有一个孩子之前被抢了玩具，总是号啕大哭，现在会主动告诉老师了。

还有一个孩子，原先被抢了玩具后，总是呆呆地坐在原地。现在，他不但会主动把玩具抢回来，还会追着抢玩具的小朋友猛打。于是我拦住这个孩子问他："你怎么打小朋友呢？"他说：

"爷爷告诉我，谁抢我玩具就是在欺负我，我要打回去！"

年幼的孩子就像一张白纸，他们对待事物的看法，往往来自于长辈或老师。就像这个打人的孩子，一开始，小朋友抢了他的玩具，他并没有什么反应。也许他不在意，也许他是不知道如何表达自己的愤怒。但在经过家长的干预后，他从被动地等待情绪消散，到主动把玩具抢回来，再到追打小朋友，他的行为发生了改变。

我们常说，家长是孩子的第一任老师，家长影响了孩子对挫折的看法。

如果父母认为凡是挫折都是不好的，会给自己造成麻烦，那么孩子耳濡目染，遇到困难也会选择逃避或者采取抱怨的方式来纾解压力。

如果父母认为挫折也意味着机遇和挑战，遇到挫折应该想方设法去解决问题，那么孩子也会学会积极面对困境。

当然家长的影响不仅仅来自于言传，还来自于身教。

父母所说的如果和他们所做的自相矛盾，那么最终孩子还是会选择学习父母的行为，而不是父母的说教。

☀ 对待事物的看法，决定了孩子的行为

心理学上，有一个 ABC 理论，是美国心理学家埃利斯创建的。埃利斯认为，激发事件 A（activating event）仅仅是造成行为后果 C（consequence）的间接原因。真正引起行为后果的直接原因，是个体对激发事件 A 的认知和评价而产生的信念 B（belief）。

换句话说，挫折本身并不会对孩子造成不良影响，只有当孩子对困境产生了负面的想法时，才会造成不良情绪和行为。

比如，有两个学习成绩非常优秀的孩子都没有在小升初摇号中，摇到自己心仪的学校。其中一个孩子升入初中后学习比以前更加刻苦努力了，而另一个孩子却始终提不起劲来学习。经过了解，原来第一个孩子认为，既然没能摇到更好的学校，那么他就必须比摇进重点初中的同学更加努力，才能保持不掉队，三年后才能争取考上更好的高中，重新跻身优秀的同龄人之列。而第二个孩子则认为，没有摇上心仪的学校，就相当于彻底失去了竞争力，自己也就考不上理想的高中了。

同样的挫折，两个孩子所表现出来的行为却截然不同。前者表现得积极乐观，而后者则表现得沮丧悲观。可以预见，如果他们不改变自己的信念，并持续目前的行为模式，那么假以时日，他们在中考中一定会进一步拉开差距。

心理学家塞利格曼认为，人是悲观还是乐观，主要取

决于人对逆境的解读方式。悲观的人会夸大困难的影响，认为自己无法改变困境。而乐观的人则会客观地看待逆境，认为通过自己的努力可以改变当前的处境。

乐观的父母会传达给孩子乐观的信念，孩子接受了乐观的信念后，又会将其转化成积极的行为。长期如此，孩子对待挫折的态度也会变得更加积极正面，孩子的逆商也就得到了提高。

而悲观的父母则会传达给孩子悲观的信念，孩子接受了悲观的信念后，又会将其转化成消极的行为。在面对挫折的时候，他们也就更为被动。

如何灌输给孩子积极的信念

为了让孩子积极乐观地面对挫折，父母可以在两方面进行努力，积极地影响孩子。

一方面，父母要注意自己的言谈举止，留心自己对事物的看法和解释。父母应尽量保持积极乐观的心态，以传达给孩子更加正面的信念。

比如，爸爸在开车接送孩子的途中，连着遇到了好几个红灯。此时爸爸切勿抱怨自己运气怎么这么差，而要用轻松的语气跟孩子说，看来老天给了我们更多的相处时间。咱们来聊聊，最近你在学校里有没有遇到什么开心的事？

　　父母在大事小事上所表现出的积极乐观的态度，潜移默化中就会影响孩子对待问题的态度。

　　另一方面，父母要经常和孩子进行沟通，了解孩子对事物的看法，发现孩子对事物持消极态度的时候，要及时纠正。

　　比如，孩子的好朋友近来很少找孩子一起玩。妈妈注意到孩子的不开心后，不妨主动询问孩子对这件事怎么看。如果孩子说："小丽最近都不找我玩，一定是因为她不喜欢我了，才不跟我玩的。"妈妈可以这样回答孩子："这可不一定，马上要期末考试了，也许小丽正在认真复习，没有时间来找你玩。等期末考试考完，你再试试约她一起玩。"

　　挫折本身不可怕，可怕的是孩子对于挫折的信念。父母一定要经常从正面影响孩子，在遇到挫折的时候，孩子才会保持积极的信念，积极乐观地解决问题。

如何帮孩子走出挫折

☀ 幼儿园阶段孩子遇到的主要挫折和应对方式

　　每个年龄阶段的孩子都会遇到不同的挫折和困境。不同年龄孩子的思维方式与所遇到的问题都是不同的。父母要有区别地对待，采取不同的方式来解决不同年龄的孩子面对的问题。

幼儿园的孩子能力上相对比较弱，还没有学会如何处理负面情绪。

幼儿园阶段孩子遇到的主要问题大致有以下两种：

孩子刚上幼儿园的时候，没法适应幼儿园的生活，和父母分开有分离焦虑。

面对孩子的分离焦虑，父母首先要给孩子建立安全感。父母可以告诉孩子"放学了，爸爸、妈妈就会来接你，我们又能见面了。"父母要让孩子明白，分别只是暂时的，爸爸妈妈的爱永远不会变。

其次，父母自己要控制自己的焦虑以此来淡化分离焦虑，不要在孩子面前表现出来。有的妈妈看到宝宝哭，自己也哭，这样一来，孩子会认为分离就是一件特别严重的事，他们也会更难接受和爸爸妈妈分开。

幼儿园的孩子刚开始和小朋友相处也容易起冲突。父母要正确引导孩子处理冲突问题。

幼儿园至小学低年级的孩子比较容易跟同学起冲突。例如，同学抢了孩子的玩具，孩子被同学推了、打了、欺负了，或者孩子欺负了别的同学，这都是令父母头疼的事。

父母要认识到，孩子通常并不带有恶意，他们只是不知道该如何正确相处，不了解小朋友之间相处的边界。

父母一方面可以多观察，让孩子自己摸索与小朋友相处的边界在哪。另一方面可以教孩子用换位思考的方式，让孩子更快学会如何与小朋友相处。

比如，孩子推倒了小朋友，父母可以这样告诉孩子：宝宝被推倒会不会很痛，宝宝是不是不喜欢别人把你推倒，那宝宝也不能推倒别的小朋友哦，不然就没人跟你做朋友啦。

在帮助幼儿园阶段的孩子面对挫折的时候，父母要尽量引导孩子学会辨识情绪，处理自己的负面情绪。在帮助孩子的时候，父母应尽量避免使用抽象的语言，要用清晰准确的语言，告诉孩子该做什么。

比如，孩子不愿意上幼儿园。父母不要简单地说：听话，乖。而要清楚地告诉孩子：宝贝，你上幼儿园，妈妈放学就来接你。到时候你把幼儿园里发生的事情告诉妈妈，好不好？

☀ 小学阶段孩子遇到的主要挫折和应对方式

小学阶段的孩子已经明白了一定的生活常识和社会规则。他们所要面对的是学业上的困难以及人际交往上更为复杂的问题。

小学阶段的孩子，比起幼儿园的孩子，更容易讲道理，父母在帮助孩子克服挫折的时候，一定要耐心地给孩子讲道理。

小学阶段孩子遇到的主要问题有以下两种：

首先，孩子可能不适应学校生活，学习上有困难。小学一二年级的孩子，刚刚开始上学，还不适应学习生活。有些孩子上课的时候注意力不集中，回家不能按时完成作业。对于这种情况，父母应该主要以鼓励为主，尽量表扬孩子的正面行为，减弱孩子负面行为造成的影响。父母不要把孩子的成绩作横向比较，而要跟他自己过去的成绩作比较，孩子有进步父母就要表扬孩子。

其次，读小学后，孩子多半会有固定的朋友了。父母要支持孩子交朋友。小学阶段是锻炼孩子人际交往能力的关键时期。必要的话，父母可以邀请孩子的朋友到家里玩，给孩子创造和朋友相处的机会。

小学阶段的孩子已经有了一定的独立自主能力。在这个阶段，如果孩子遇到困难和挫折，那么这对他们养成独立的人格有着积极意义。父母不要再把孩子看成幼童，凡事都想越俎代庖，要适当放手让孩子自己尝试做决定。孩子遇到挫折时，家长尽量以鼓励为主，不要打击孩子的积极性。

初中阶段孩子遇到的主要挫折和应对方式

初中阶段，孩子陆续进入了青春期，家长的话语权进一步减少，孩子的能力进一步增强。在这一阶段，父母一定要学会逐渐放手，不再完全主导孩子的学习和生活。当孩子遇到挫折的时候，父母要以引导为主，在孩子需要的前提下，再对孩子提供必要的帮助。

初中阶段孩子遇到的主要问题有以下两种：

初中生的课业负担过重，学习压力太大。初中阶段孩子学习的科目数量比小学时大为增加，这要求孩子不仅要努力学习，而且要会合理安排时间。如果孩子有偏科现象，学习成绩下降，父母还可以给孩子提供一些学习时间管理的书籍。初中阶段孩子一般很难听进父母的说教，父母也没有能力像小学阶段那样手把手辅导孩子学习，只能尽量做好辅助工作。

孩子不被同伴接受，不能获得同伴认同。进入青春期的孩子，对于亲情的需求逐渐减少，对于同伴的认同需求不断提高。青春期的孩子非常在乎能否得到同伴认同，为此他们不惜做一些成年人看来可笑的事情，来取得同龄人的认同。比如，他们会买昂贵的球鞋，在发型上花些心思，因为这样同学们会认为他们比较"酷"。父母不要嘲笑孩子幼稚，而要理解孩子渴望得到认同的心理，并且适当满足孩子的攀比欲望。父母尤其不要公开批评孩子，羞辱孩子，让孩子觉得在同伴面前丢脸。

初中的孩子自尊心日渐增强，父母不要再像小学时那样任意批评孩子，要学会尊重孩子，平等地对待孩子，并且和孩子交朋友。孩子受到挫折的时候，父母要给孩子提供心理支持，而不是一味地要求孩子尽快克服挫折。当父母给予了孩子足够的心理支持，孩子自然会努力地克服困难，战胜挫折的。

❉ 高中阶段孩子遇到的主要挫折和应对方式

高中阶段，是孩子走向成年前最后的过渡阶段。这一阶段的孩子尤其渴望父母把自己当成一个成年人来对待。他们对父母的感觉是矛盾的，既希望父母不要轻易插手自己的事情，又希望父母能保持对自己的关注。作为高中生的父母要会放手，但也要给孩子制定一定的边界，让他们更有安全感地步入成年。

高中阶段孩子遇到的主要问题有以下两种：

学业压力的进一步增大。高中生即将面临高考，这是他们人生中第一次独自面对挑战。高中阶段，父母在学业上已经无法为孩子提供帮助了。父母只能做好后勤工作。另外，父母不要给孩子增加压力，孩子在学校面对的是激烈的竞争环境，如果这个环境无法激发他们的斗志，那么父母苦口婆心的唠叨也不会起多大的作用。

　　高中生的父母要尽量为孩子减压，让他们以更饱满的精神状态面对即将到来的高考。

　　处于青春期的高中生往往对异性非常好奇。父母不要把恋爱当作洪水猛兽，要知道堵不如疏。父母应当尽量以朋友的身份，告诉孩子在与异性交往时应当学会辨别自己的感情，而不是野蛮粗暴地打击孩子对异性的好感。

　　对待高中的孩子，父母尽量不要过多干预，但是又要对孩子保持高度的关注。必要的时候，父母可以以信件的方式与孩子进行沟通，切忌和孩子起正面冲突。

　　每个时期的孩子有每个时期不同的心理特征，在对待挫折时，他们的反应以及他们希望从父母这里得到的支持都是不同的。父母需要学会逐渐放手，而不是凭借自己父母的身份，居高临下地命令孩子应该怎么做。

如何引导青春期的孩子

☀ 青春期是人生的特殊阶段

　　作家麦家曾说过："青春期是人生的一段特殊时期，也是一个危险的时期，可以上天也可以入地，可以是一把刀也可以是一朵鲜花。"

青春期本该是孩子一生中最美好的年华，然而在父母眼里，青春期往往意味着麻烦。一到青春期，原先乖巧懂事的孩子就像变了一个人。父母一句无心之言，就会令他们产生极大的反应。

从生理上看，青春期的孩子遭遇了身体发育和荷尔蒙分泌的双重困扰。他们的大脑进入了第二次发育高峰。这一时期的孩子，生理上第二性征产生明显的变化。女孩子骨盆变宽，乳房发育，经历月经初潮，身体出现了明显的曲线。而男孩子肩膀变宽，喉结突出，进入变声期，出现遗精。无论男孩女孩，身高都长得特别快，仅看外表，他们几乎和成年人没有任何区别。

从心理上看，青春期的孩子有着以下四点显著的特征：

首先，他们的自我意识开始觉醒，青春期的孩子往往渴望获得更多的关注，这会令他们显得特别自恋。同时他们又常常感到自卑，容易过分放大自己的缺点。

其次，他们渴望独立，希望得到父母的承认和尊重。同时，他们又渴望摆脱父母的约束，为此不惜和父母顶嘴甚至对抗。

第三，青春期的孩子特别看重和同龄人的关系。比起父母，他们受到同龄人的影响更多。

最后，因为荷尔蒙的作用，青春期的孩子情绪极不稳定。同时，他们开始对异性产生朦胧的好感，他们也会很在意自己在异性心目中的形象。

由于生理和心理上都发生了翻天覆地的变化，青春期的孩子有时候自己也很难控制自己的情绪，总是忍不住和父母发生碰撞。

写《少年派》的作家六六就曾经聊到自己青春期的孩子，以前孩子小的时候，我大部分时间在家里待着，晚上不出门，一年到头在外应酬不到十次。现在孩子到了青春期，我巴不得天天晚上出去吃饭，最好应酬到很晚。这样，我回家的时候，孩子熟睡了，我就会带着愧疚的心情，怜爱地看着儿子熟睡的面庞，然后那几天家里就特别祥和。

如果哪天晚上没应酬，在家待着，我就能从头气到尾，就看他吃完饭以后不做作业，在那儿看手机、画画玩儿、跟同学聊天。然后到十点钟，我喊陈偶得（六六儿子）该睡觉了，他就开始说："哎呀，妈妈，我忘了，还有作业没有写。"我那个火气一下子就上头了，很难控制自己的情绪，我有段时间特别焦虑。

作为青春期孩子的父母，如果不理解孩子的这些心理、生理特征，一味跟孩子针尖对麦芒，非争出一个是非对错来，那一定会造成两败俱伤的结果。

☀ 青春期是孩子寻找自我同一性的关键时期

由于青春期的孩子往往情绪不稳定，行事叛逆，父母更倾向于用"熬"的心态来对待孩子的青春期。殊不知，青春期对于孩子来说是人生中非常关键的阶段。

青春期是孩子建立自我同一性的关键时期。所谓自我同一性，就是一个人对自己的稳定认知：我是什么样的人，我要达成什么样的人生目标，我要扮演怎样的社会角色。

"谁的青春不迷茫"，正是因为有了青春期的迷茫，孩子才能逐渐找到自己的人生目标，明确自我认知，并且有了努力的方向。

在这个过程中，孩子势必要进行多方面的尝试，包括尝试做一些有益的事，也包括尝试做一些无益甚至有害的事。好的尝试能增强他们的自信心，帮助他们找到人生的意义，而不好的尝试也能培养孩子的边界意识，让他明白是非好坏。

心理学家玛西亚把青少年经过青春期所达成的同一性分为四类。

第一类是同一性完成型。

这类孩子经过探索，找到了自己的人生目标，达成了自我同一性。他们会明确地告诉你，他们要学什么专业，将来要成为什么人。这些孩子通常积极进取，果敢直率，偶尔也会因为自主性比较强，和父母产生一些摩擦。

第二类是同一性延缓型。

这类孩子探索度比较高，但是承诺度较低。他们做了很多探索，但却迟迟没有决定自己将来到底要做什么。这些孩子通常较为敏感、悲观，受到挫折也容易退缩不前。

第三类是同一性早闭型。

这类孩子和第二类恰恰相反，还没有进行探索就做出了承诺。这往往是因为父母对孩子控制欲比较强，强制要求孩子选择理想。比如，父母觉得当医生受人尊重，所以要求孩子考医学专业，将来成为一名医生。孩子乖乖顺从了。一个在青春期完全不叛逆，乖乖听话的孩子，很可能会是同一性早闭型孩子，虽然在当下他们很顺从，让父母觉得省心。可是没有经过探索的人生是不完整的，迟早有一天，他们会发现自己没有找到真实的自我，而在之后的某一天开始叛逆。

第四类是同一性弥散型。

这类孩子既不探索，也不做出任何努力，他们常常对什么事都提不起兴趣，个性消极悲观。这些孩子只要稍微遇到一点挫折，就不再进行任何尝试了。

父母要协助孩子在青春期完成同一性，让孩子知道自己将要成为一个什么样的人，并且为此要付出怎样的努力。父母不要打击孩子，避免让孩子成为同一性延缓型或同一性弥散型；父母也不要控制孩子，防止孩子成为同一性早闭型。

父母们需谨记，孩子在青春期没有完成的课题，终会在有一天需要付出更大的代价来弥补。

☀ **如何对待青春期的孩子**

青春期是孩子在成长过程中非常关键的时期，顺利地度过青春期，是孩子顺利蜕变成一个成年人的必备条件之一。

青春期的孩子比较不好沟通。一方面，他们觉得自己长大了，希望父母给自己更大的自由，不要约束自己。另一方面，他们又渴望得到父母的理解和支持，希望父母能认真倾听自己的想法。这两个需求在现实操作中，往往是互相矛盾的。青春期的孩子自己也不知道自己要的到底是什么。他们的内心十分纠结，表现出来的就是情绪多变、喜怒无常。

作为父母，要体谅孩子的情绪化，不要跟孩子起正面冲突。父母要理解孩子的这两种基本心理需求。

青春期孩子的首要需求——独立自主。

青春期的孩子不希望父母对自己过于约束。同时，父母也应清楚这是孩子在进行人生的探索，这是他们寻找自身使命的必经之路。

父母要把握好边界，规则不能定得太细，也不要过于面面俱到。父母不能再像对待年幼的孩子那样，把什么时候吃饭，什么时候睡觉，什么时候写作业，上什么补习班，统统安排好。

作为青春期孩子的父母，一定要在小事上减少和孩子的冲突，避免唠叨。父母越是重复讲的话，越容易引起孩子的反感。

同时，父母还要打心眼儿里把孩子当作一个独立平等的人来尊重。而不是把孩子当成自己的所属物去控制，或者当成一个小朋友去教训。

父母越是尊重孩子，孩子的叛逆期就越能顺利地度过，因为他们把和父母对抗的精力节约下来，更多地用在探索自己的人生上面。

反之，如果孩子要花大量的精力为自己争取探索世界的自由，反而会耽误了这一进程。

青春期孩子的第二需求——理解和支持。

青春期的孩子虽然特别渴望独立，但他们从内心还是非常希望得到父母认可的。父母的理解和支持对他们来说特别重要，甚至可以说是青春期孩子力量的源泉。

青春期的孩子在和父母闹别扭的时候，其实传递了另一层信号：你有没有在关注我？如果我变得不像你想象的那样，你还会不会爱我？

在湖南卫视新一代青少年健康成长心理释放表述节目《少年说》中，有个 14 岁的孩子大声疾呼："妈妈，孩子不是只有别人家的好，你自己的孩子也很努力，为什么你不看一下！"

这就是青春期孩子的想法，他们渴望被关注，被赞扬。

作为青春期孩子的父母，不要过多管束孩子，要保持对孩子的关注，不吝啬于对孩子的赞美，才能让他们平稳地度过青春期。

父母的支持，能给予孩子精神力量，帮助他们克服重重困难和挫折，从孩童蜕变成一个成人。

恋爱，青春期的孩子遇到的最多的坎

青春期的孩子，除了学业上的挫折，也容易在感情上受挫。受荷尔蒙的影响，大多数孩子在青春期都会萌发对

异性朦胧的好感。建立亲密关系也是人生的一个重要课题，属于一项重要的探索内容。

初恋是美好的，初恋也容易给人留下许多遗憾。恋爱，是人生给孩子们的一张试卷，但孩子要明白，他 / 她背负的不是一个人的喜欢，而是两个人的成长。

父母不要去抢答孩子的试卷，恋爱问题处理得不好，轻则影响学业，重则影响亲子关系，进而给孩子的一生留下阴影。

父母在处理恋爱问题的时候一定要慎之又慎，切忌简单粗暴地一味禁止。

首先，父母要遵循和青春期孩子沟通的原则，尊重并理解孩子。父母千万不要因为孩子恋爱，就粗暴地打击孩子，更加不要私自看孩子的日记和信件。一旦失去了尊重，父母就相当于亲手关上了亲子沟通的渠道。

我有个朋友，三十六岁了，没有结婚，也很少和家里人来往。有一次聊天的时候，她说自己都忘了多久没谈过恋爱了。家里父母一直催她相亲，她一概不予理会。

她 17 岁的时候，暗恋班上的一个男生。那个男生成绩不如她，但是打篮球打得很好。她很喜欢他，给他写了很多封情书，只不过从来没有寄出去过。

她妈妈帮她打扫屋子的时候，发现了这些信，一下子如临大敌。她妈妈拿着这些信去学校质问老师，还叫来了男生家长。结果男生表示对这件事一无所知。后来她就成了学校的笑柄。整整一年，她在学校几乎不和任何人说话，也不和父母交流。上了大学以后，她也没怎么和男生交往过，每次一谈恋爱就做噩梦。后来索性选择一直单身。

这就是父母粗暴干涉孩子恋爱的一个典型的失败案例。其实我的朋友起初只是暗恋，如果能好好沟通，这件事就是人生中的一个小插曲。但是妈妈闹到学校，严重伤害了孩子的自尊和情感，给孩子的未来埋下了严重的隐患。

其次，父母要教会孩子保护自己，学会如何正确与异性相处。

尤其是女孩，和异性交往的时候如果不懂拒绝，不会保护自己，就会造成一些麻烦。无论男生还是女生的家长，都应该教会孩子在交往的时候尊重对方，不强迫对方做不愿意的事。自己也不要因为对方强烈的要求而做自己不愿意做的事。

父母可以给孩子灌输一点性知识，如果觉得不好意思直接和孩子讨论，可以买一本性教育的书送给孩子。

最后也是最重要的一点，要保持良好的亲子关系。

教育的本质就是关系。关系好了，孩子才愿意听父母说，有什么心事也愿意向父母吐露。此外，一个受到父母疼爱和尊重的孩子，在恋爱中也能保持相对理智，因为他从小不缺爱，不会因为对方流露出一点好意，就深受感动，进而不管不顾。

当父母发现孩子有恋爱倾向的时候，可以开诚布公地找孩子聊聊。父母把孩子当一个成年人尊重，了解一下孩子喜欢对方哪些方面。父母可以鼓励孩子把感情放在心里，目前以学业为重。父母要记得提醒孩子注意保护自己，约会的话尽量选择图书馆这样的公共场所。

父母应告诉孩子，初恋是美好的，正因为其美好，才要特别珍惜，不要贪图一时快乐，影响两个人的前途，留下遗憾。

帮助青春期的孩子树立人生目标

青春期可能是孩子最容易遇到挫折，也最容易受打击的人生阶段了。

青春期的孩子既自恋又自卑。一点点不如意，在他们看来都是很严重的打击。任何让他们在同龄人中丢脸的事，都会伤害他们的自尊心。

比如，一名初中男孩因为在学校打扑克，老师叫他妈妈来学校。妈妈非常生气，情绪有点失控，当着同学的面，戳了儿子的额头，还推了孩子一把。结果这个男孩沉思了两分钟，突然从教学楼上跳了下去。

这就是一个青春期孩子受到挫折后的过激反应。也只有青春期的孩子，才会对父母的责骂、推搡这样敏感。

青春期的孩子不再是样样依赖父母的孩童，他们遇到挫折时，往往想要自己解决，寻求父母的帮助已经不再是他们的首选。

青春期是孩子成长路上的必经之路。父母要理解孩子的敏感和脆弱，帮助他们顺利过渡。最好的办法就是父母协助孩子找到人生目标，让孩子尽早达成同一性完成。

一旦孩子确立了人生目标，他们就会主动克服挫折和困难。

前几年，有个妈妈向我诉苦，她的儿子中考分数刚刚够普通高中，文化课成绩很差。为了让他考大学，妈妈费尽心思，让他学美术，以艺术生的身份考大学。但儿子不领情，既不好好上文化课，也不好好上专业课，每天就知道打游戏。

隔了一个学期，我又和这个妈妈聊天，意外得知她儿子竟然有了翻天覆地的变化。他专业课上得特别努力，文化课虽然有点跟不上，但也在认真听课，努力完成作业。原来孩子的舅舅无意间说起游戏原画设计师收入很高，人才也挺稀缺的。她儿子本身就喜欢打游戏，从此对这个职业上了心，花了很多时间研究，发现某个学校的相关专业就业率比较高，但是分数要求不低。从此以后这孩子学习就认真多了，像换了个人一样。还催着妈妈给他报一对一的专业课。

树立人生目标对于青少年来说特别重要。但是父母需要注意，切忌把自己的理想强加给孩子。一则孩子会叛逆反抗，二则即便孩子乖乖听从，也会变成同一性早闭，给孩子今后的人生道路埋下隐患。

一定要让孩子自发地找到人生目标，这样他们才会发自内心地奋发向上，克服挫折。父母只能承担协助的角色。

要帮助孩子找到人生目标，父母可以从三个方面入手。

鼓励孩子多进行尝试，要允许他们试错。

孩子有什么想参加的社会活动、比赛等，父母应尽量鼓励孩子参加。输赢、结果并不重要，重要的是孩子在这个过程中收获了什么。父母不要怕课外活动会影响孩子学习而百般阻拦，有理想的孩子一定会更加认真、勤奋地学习。

《小欢喜》里的乔英子特别喜欢天文学，她喜欢拼天文模型，热衷于参加天文馆的活动，还想去参加南京大学冬令营。可是她的妈妈宋倩对此非常不赞同，她阻止女儿参加一切相关活动，希望女儿能专心学习，考上清华。这导致乔英子一度抑郁到想跳海。

如果孩子的志向是积极向上的，父母不应该阻止孩子的尝试和探索。事实上，乔英子的原型，是上海崇明学生胡一鸣，他在高中时期就对天文特别痴迷，但也没有耽误学习。胡一鸣的父母对他的爱好非常支持，尽管家里不富裕，父母还是花钱给他买了一架天文望远镜。

胡一鸣在填写高考志愿的时候，只报了一个学校一个专业，就是南京大学的天文系。那年南大天文系全国只招收一个学生。即便这样，胡一鸣也义无反顾。他表示，如果没考上，愿意第二年复读再考。

最终，胡一鸣考上了南大，并在2016年成为发现"引力波"的团队成员之一。"引力波"是天体物理中极为重要的科学发现。

让孩子尝试各种兴趣爱好，能帮助他们尽快找到人生目标。

当孩子已经有兴趣爱好时，父母可以帮助孩子收集相关资讯，提供条件让孩子深度拓展兴趣爱好。

比如，胡一鸣的父母给他买天文望远镜，这样就是在行为上支持孩子的兴趣爱好。天文望远镜不但能让孩子在兴趣上更加深入，还能拉近亲子之间的关系。万一孩子发现这不是他真正的兴趣，还能尽早进行别的尝试。

父母要多和孩子沟通，多听听孩子的想法。很多人生目标都是在聊天中确立的。比如，打游戏的男孩就是听了舅舅提到游戏原画设计师这个职业，才会确立自己的人生目标。

在和孩子沟通过程中，父母要多倾听孩子的想法，可以提建议，但不要强制孩子接受。

无论面对多大的孩子，亲子关系永远是第一位的。良好的亲子关系能给予孩子支持和鼓励，让他们勇敢地面对挫折。

榜样的力量是无穷的

☀ 从榜样身上汲取力量

在信息时代，孩子们很小的时候就能接触到各种信息。作为父母，我经常诧异于孩子的语言和思维之成熟。我记得我女儿大概 3 岁多的时候，有一次她想要爸爸来接她，她说："爸爸来接我的时候，风景会更美。" 3 岁讲话就这么成熟了，实在让人惊讶。

以前的孩子起码十四五岁才会打破对父母的偶像崇

拜，认识到父母是普通人。现在的孩子，七八岁就意识到父母不过如此，敢跟父母顶嘴的小孩比比皆是。这并不代表孩子不懂礼貌，相反，他们更敢于挑战权威，更敢于表达自己的观点。从某种意义上说，现在的孩子思辨能力更强，更善于思考。

但这也会带来另一个问题，他们很难对父母产生敬畏之情。

在信息时代，孩子可以轻易获取各种资讯，一些手机和 APP 会根据算法，专门给孩子推荐他们感兴趣的东西。这相当于给孩子建了一座信息茧房。他们一旦喜欢上什么，就能获得更多与之相关的信息。如果他们有喜欢的偶像，那他们就能了解到关于偶像的一切。因为信息化的关系，偶像的力量被数倍放大了。

因此，如果孩子还小，父母一定要有意识地给孩子读一些经典读物，避免他们被信息时代过度影响，在没有能力辨别是非的情况下，迷失了方向。

当然如果孩子已经喜欢上了明星，父母也不要抓狂，这并不一定就是坏事。

我亲戚家有个小孩，读高中的时候迷恋上某个明星，经常因为追星和家里闹矛盾，还拿零花钱买明星的唱片。她妈妈一度十分苦恼，觉得这小孩不好好学习，心思完全用在追星上面，总是跟我诉苦，这个孩子要怎么办，眼看她连大专都考不上了。

我后来为了她专门写了一篇关于她偶像的文章。她喜欢的明星的妈妈从小就花了很多精力培养他，两人千里迢迢跑到北京，一天上好几个兴趣班，学习包括民族舞、现代舞、街舞、魔术、葫芦丝、手风琴、声乐、书法、雕塑等各种才艺。他的妈妈从小就反复对儿子说："只有吃得苦，才能与众不同。"

那个偶像在很长一段时间里，几乎没有睡过一天懒觉。为了上这些兴趣课，他们总要换好几次公交、地铁，花几个小时去市区上课。这才成为今天唱跳俱佳的明星。

更令人惊讶的是，这位偶像高中几乎没怎么上过课，但最后高考文化课考了 473 分，以专业课、文化课双料第一的成绩考上了著名艺术院校。

我把这篇文章，假装不经意地发到朋友圈给那孩子看。那孩子不但看了，还转发了。据她妈妈说，从此，她学习非常用功，每天早上 5 点多就爬起来背书，学习态度也很认真。后来，她高考考上了一个三本，虽然算不得很好，但还是令她父母比较满意的。

作为父母，有必要重点关注孩子的偶像情况，对孩子做出正确积极的引导。

☀ 榜样能够给孩子克服困难的力量

如果能引导孩子向良好的榜样学习，就能让他们拥有克服困难的力量。

面对困难，孩子可能并不乐意听父母的说教。父母不要总是对孩子讲道理，孩子可能比父母还能讲道理，但会讲道理和能做到是两码事。

很多时候父母给孩子讲半天道理却比不上偶像说的一句话或做的一件小事对孩子的影响来得大。因为信息爆炸时代，父母的影响力越来越弱，偶像的影响力越来越强。此消彼长之下，父母尽可能不要站到偶像的对立面，要善于利用偶像的力量来影响孩子。

父母可以多了解偶像的故事，来提高孩子的受挫能力。我们现在的孩子物质条件都是较好的。他们想象不出什么是困难，什么是磨砺。对他们来说，一次考试没考好，被老师批评了，和好朋友闹别扭了，这些都是很糟糕的事情。

这个时候偶像的作用就能体现出来了。《霸王别姬》里有一句著名的台词：要想人前显贵，必得人后受罪。看着偶像吃过的苦，受过的罪，孩子会觉得自己面对的这些困难就不算什么。

我高中在一所市重点读书，班里有个同学，是借读生。她的中考成绩没有达到我们学校的招生要求，高一摸底考

试，她是班里的倒数第三名。高二的时候，她的成绩突飞
猛进。同学们都觉得很奇怪，纷纷问她有没有什么好的学
习方法。她只是腼腆地笑笑。后来有一次老师读了她的作
文，原来她喜欢地理，立志成为一个李四光那样的地质学
家。她家书桌玻璃板下就压着一张李四光像，每次想偷懒，
看看李四光爷爷，便不会再偷懒了。

榜样能给孩子特殊的力量。现在的孩子学业负担重，
生活体验严重不足。这样长大的孩子即便成绩很优秀，也
很可能会得"空心病"。他们追求的往往是优秀本身，却
并没有什么实质性的理想。

☀ 偶像能帮助他们找到属于自己的梦想

前一阵子日本动漫《棋魂》翻拍成了国产剧。我一个
网友跟我说，他的儿子原本学过一年围棋，但是后来觉得
枯燥，就放弃了。看了这个剧以后，他什么也没说，他儿
子主动翻出棋盘，又开始认真下棋了，并表示要当职业棋
手。这就是榜样的力量。

孩子的偶像有很多种，可能是真人，也可能是卡通人
物；可能是现代人，也可能是古人；可能是名人，也可能
是影视明星。什么年代的、什么类型的偶像不重要，重要
的是这个偶像能不能带给孩子正能量。

我非常推荐一些孩子的父母多给孩子买名人传记阅

读。一方面，一个人的成功，虽然充满了偶然性，但多多少少总有一些主观的因素，值得孩子学习。另一方面，在阅读名人传记的过程中，孩子说不定就能找到属于自己的偶像了。

让孩子学会求助

☀ 孩子不敢开口求助，是父母的失职

我有个在中学做心理辅导老师的朋友，跟我感慨地说："现在的孩子明明有心理问题的很多，却都不喜欢求助。"她在一所重点高中任职，这所学校学业压力非常大，她每天都会主动找几个学生聊一聊。她发现孩子们的心理状态都不是很好，尤其是临近考试，总是特别焦虑。有的孩子还有人际关系等各方面问题，但是几乎很少有孩子会主动向她求助。

朋友特意询问了很多孩子，为什么不向父母或老师倾诉。大部分孩子的回答是："跟父母说了也没有用，他们只会说，你再努力努力就好了。跟老师说呢，又觉得很有距离，不想让老师觉得我是个失败的人，更害怕心理老师把自己的情况告诉班主任。"

孩子们选择一切都自己扛的主要原因有两点。

第一，他们认为告诉父母没有用。

有些孩子不告诉父母是因为说了父母也不听。我有个朋友，总是跟我抱怨小孩话多，每天儿子放学就一直说个不停。她是职场妈妈，每天生活跟打仗一样，既要考虑公司的事，回来又要煮饭，还要督促小孩写作业，实在没有那个闲工夫认真听儿子在说啥。有时候，孩子写着作业突然停下来说："妈妈我跟你说，今天我在学校……"朋友很发愁，她觉得讲话耽误学习，儿子写作业本来就慢，再总是停笔说话，就更慢了。每次儿子跟她讲话，她都不耐烦地说："先别说话，等写好了再说。"等儿子作业写完了，时间也比较晚了，她又马不停蹄地催着儿子洗漱，上床睡觉。

因为经常跟我交流，朋友也知道这样会打击孩子交流的积极性，但她实在没有太多时间跟孩子沟通。直到有一天朋友跟我说最近几次接孩子，发现孩子话变少了。她突然慌了，万一以后儿子什么都不跟她说了，该怎么办。我建议她每天专门留出 20 分钟跟孩子聊天。据说孩子已经恢复到"麻雀"状态了。

对于这一点，我个人深有体会。我小的时候父母也是忙于工作，几乎没有什么时间陪我。每次我遇到伤心或者快乐的事想跟他们分享，他们或者不在，或者正在忙，不耐烦听。慢慢地，我遇到任何事，都习惯了自己想办法解决，解决不了的就放着，听天由命。后来我成年了，父母也退休了，不忙了，可我早就已经不习惯向他们倾诉了。

第二，有的孩子有事不想告诉父母，是因为父母多数时间不乐意或者不知道该怎么为孩子解决问题。

我在知乎看到过一个女孩倾诉。她小的时候给父母说："我腰疼。"父母说："小孩子家家哪有腰？"她跟同学闹矛盾了，告诉爸妈后得到的回应是："一个巴掌拍不响，你先检讨你自己。"她喜欢什么东西想要买，父母告诉她："别一天到晚琢磨有的没的，注意力要放在学习上。"

慢慢地，她再也不跟父母倾诉了。她说，那些未曾说出口的话，那些喜悦、期许、委屈和绝望都被强行压抑了回去。

无论是父母没有能力为孩子解决问题，还是习惯性对孩子进行打击教育，导致的结果就是孩子今后有什么事都不会再向父母求助了。

另外，对于平时就不太习惯向父母倾诉的孩子，父母要特别注意孩子的特殊求救信号。

《房思琪的初恋乐园》作者，台湾作家林奕含就曾经讲述了自己的亲身经历：她被老师侮辱了，心理压力很大，但她又不敢直接告诉父母，于是她试探着跟妈妈说："学校里有个女生跟老师好了，该怎么看待这件事？"妈妈回答："一定是那个女孩子太骚了。"从此以后，无论受到多大的委屈，被老师欺负多少次，林奕含都没有再想过要告诉父母。

☀ 如何让孩子学会遇到困难要求助。

每个孩子天生都是乐于向父母求助的。是父母一点一点消灭了孩子求助的积极性。要培养孩子求助的习惯，父母需要做到以下几点。

首先，父母要学会倾听孩子的想法。

当孩子产生倾诉欲望的时候，父母一定要认真对待。如果父母很忙，可以跟孩子约定一个专门的时间用来交流和聊天。

有的父母非常"好为人师"，孩子说不到几句，就急着下结论，出主意，把自己变成谈话的主导对象，孩子最后只有唯唯诺诺听话的份儿。父母千万要提醒自己，要以倾听为主，不要急着出主意。孩子没讲完之前，父母不要打断孩子的发言。

跟孩子交流的时候，父母记得要专心致志，不要一边玩手机一边跟孩子聊天。

其次，对于自己也束手无策的事，父母要学会和孩子共情。

为人父母，并不等于全知全能，很多事情并不是做了父母就都懂了的。遇到孩子跟朋友闹矛盾了，如果父母不知道该怎么处理，可以直接跟孩子共情，而不是简单粗暴地说："一个巴掌拍不响，或者你怎么不检讨你自己。"

父母可以先肯定孩子的感受："跟朋友吵架了，你肯定很难过吧？"然后聊聊自己相关的经历，妈妈／爸爸小的时候也有一个要好的朋友，平时一起上学，一起放学，但是因为什么事，我们俩吵架了。后来我们是怎么和好的。最后可以给孩子提出建议，也可以不提建议，让孩子自己想办法。

再次，父母要学会相信孩子，给孩子建立安全感。

无论孩子说什么，父母都不要急着质疑孩子。例如，真的吗？你没骗人吧？经常这么问，孩子就不愿意跟父母交流了。诚然，有的孩子确实比较爱撒谎，有的孩子单纯是恶作剧，还有一些孩子喜欢把想象的当作现实。即便是对这样的孩子，父母也不要急着拆穿孩子，而是要一本正经地跟孩子讨论哪怕有点儿荒诞的问题。讨论完了，一般孩子会主动承认的，如果没承认，父母也可以假装不经意地问一句：这个有点奇怪啊，他为什么会这样呢？

总之，孩子和父母聊天的时候，无论他说的是真

是假，父母都不要批评孩子，也不要总是带着怀疑的
语气去质问孩子。

最后，父母要鼓励孩子学会向别人求助。

父母做好了前几点，孩子就学会了如何正确地跟人交
流沟通。虽然在青春期，孩子性格可能会变得比较别扭，
但最终他们一定能够学会和人沟通交流的。这样的孩子，
即便遇到了困难和挫折，问题也不大。

另外，父母也要鼓励孩子学会向别人求助。比如，孩
子小的时候，父母就要告诉孩子，万一在外面走丢，找不
到爸爸妈妈了，要第一时间向警察叔叔求助。

孩子上幼儿园了，父母要鼓励孩子有问题找老师。
尿裤子了不要忍着，要告诉老师；被小朋友欺负了，
要向老师求助。上了小学，孩子没有带课本，父母也
要鼓励他们向同学求助。

父母不可能一辈子陪着孩子，鼓励孩子多向不同的人
求助，向离自己最近的人求助，能让孩子少走不少弯路。
善于求助的孩子，遇到挫折，一定会很快爬起来。

第七章

教会孩子面对失败和分离

　　请不要把他引上平静安逸的道路，而要把他置于困难和挑战的考验和激烈之下。让他学会在暴风雨中挺立，让他学会对那些失败者富有同情心。

——麦卡瑟

　　我们在责怪孩子抗挫能力低下的同时，应该看到，如果父母、老师总是在向他们要"正确答案"，又怎么能要求他们敢于犯错呢？

　　对此，父母应该有意识地进行正确引导，让孩子认识到，犯错是一件很正常的事情，只要及时改正，就是一次进步。

理解孩子的失落情绪

☀ **负面情绪是有价值的，不要让孩子憋在心里**

首先，父母要避开一个陷阱：为了避免孩子沉浸在挫折中，就要禁止孩子出现负面情绪。

如果父母过分压抑孩子的负面情绪，极有可能会导致两种结果。

第一种结果：孩子放大负面情绪，把小哭小闹变成大哭大闹。负面情绪就像弹簧，越是压抑，反弹越高。当父母不允许孩子流露出负面情绪，而孩子又没有控制情绪的能力时，最终负面情绪会呈放大状释放出来。

第二种结果：由于长期压抑情绪，导致孩子不会表达或释放情绪。一些强势的父母在孩子很小的时候就要求孩子压抑负面情绪。孩子会因为长期压抑情绪，渐渐地情绪表达变得"钝化"了，经常不知道怎么表达自己的情绪，给人以冷漠的印象。

一个 17 岁的男孩妈妈向我做过咨询，那个孩子不仅性格内向，而且面无表情，态度冰冷。她妈妈告诉我，她的儿子基本上什么话都不跟她讲。学校里的一切消息她都得从老师那里了解。她费尽心力给儿子买到了他喜欢的鞋，儿子拿到了也只是淡淡地说一声谢谢。

妈妈的困境是觉得触摸不到儿子的内心。她担心现在孩子还没离开家，就已经跟她没话说，也没有任何情感交流了。那等将来成家立业，情况不就变本加厉了吗。

她跟我聊了很多有关孩子小时候的事，我发现一个细节：她的儿子小的时候爱哭，而她特别不喜欢娘娘腔的男孩子，更不喜欢孩子哭。每次儿子一哭，她就对儿子说："男子汉不能随便哭的，男儿有泪不轻弹。"久而久之，儿子真的不怎么爱哭了，但是儿子有什么事也不给她讲了。

我给她开玩笑说："这是你求仁得仁。你亲自把孩子的情绪通路堵上了，又怎么能责怪孩子不跟你交流呢？"事实上情绪没有好坏，每一种情绪都有它存在的理由。孩子在小的时候，也许分辨不了什么是伤心；什么是沮丧；什么是生气；什么是嫉妒；便都用哭泣来表达。妈妈没有帮助孩子分辨情绪，也没有接纳孩子的情绪，反而把这些都当作负面情绪给堵上了。

于是，这个孩子逐渐学会把所有的负面情绪都硬生生地忍住，进入了潜意识，靠自己消化。长期来看，这对孩子的心理健康非常不利。孩子也不一定是主动拒绝和父母的情感交流，而是情感通道被长期关闭之后变得麻木了。如果他有一天打开心扉，会放出很多"陈年负面情绪"，甚至会崩溃。

负能量并不都是破坏性的能量。如果遇到不开心的事，及时把负面情绪通过一定的途径释放出来，对自身而言是愉悦的。

一位心理咨询师与我谈起过一个案例，说有一个失去了挚爱亲人的人，变得呆若木鸡，把自己关在屋里不跟任何人交流。家人请到心理咨询师为他疏导情绪。心理咨询师引导那个人痛哭了一场。之后，那个人的行为就恢复了正常。有时候，拒绝发泄，就是切断了和外界联结的通道。

父母必须认识到，孩子的负面情绪有不可替代的价值。

☀ 引导孩子正确处理负面情绪

如果孩子比较小，或者长期处于情绪被压抑的状态，父母要引导孩子慢慢地把情绪释放出来。

我有个同学，他一直不允许儿子哭，理由同样是"男子汉不能随意哭"。但是好在他的孩子比较小，只有5岁。我在跟他交流过这个问题后，他认可了我的观点，邀请我去他家疏导小男孩的情绪。

到他家后，我看到小男孩正在搭乐高。他搭了一个城堡，并且已经接近完工了。可是在拿零件的时候，他不小心把之前搭好的积木弄倒了。我注意到他嘴巴憋了又憋，最后忍住了没哭。小男孩明显很不开心，也不再搭乐高了，而是跺着脚，发着脾气。

我坐到他旁边，问他："把好不容易搭好的积木弄坏了，你是不是很伤心？"对此，他点点头。我说，"你觉得伤心的话可以哭出来啊！"他摇了摇头说："爸爸说，男子汉不能哭鼻子。"说到这里，他的眼圈已经红了，还在拼命忍耐着不哭。我拍了拍他的背并说："想哭的话，就哭出来。男子汉也可以哭的。"他哭完了，又继续去搭乐高了。

当孩子遇到挫折的时候，父母要引导孩子说出心里的感受。如果孩子说不清楚，父母要告诉孩子，你现在是不是觉得很难过、伤心、生气、愤怒、沮丧、伤心。这样，孩子就可以逐渐学会自己到底该怎么疏导、控制情绪。

后来，我的同学跟我说，孩子现在想哭就哭，但不会哭个不休。孩子生气的时候还会主动给他说："爸爸，我现在很生气，我要发一会儿脾气。"

父母只要能接纳孩子的情绪，孩子就不会因为情绪而出问题。孩子的情绪过激，要么是年龄小而不会控制，要么是太压抑。随着年龄增长，一个情绪不被压抑的孩子，一定会变得更加阳光，抗压能力也更强。

教会孩子从错误中吸取教训

☀ 正确对待孩子犯的错

很多父母总是揪着孩子的错误不放，甚至有的父母给自己孩子贴上"负面类标签"。

我经常和不同孩子的父母进行交流，许多父母一开口就数落孩子。有的说孩子性格内向，不喜欢跟人打招呼，不懂礼貌；有的说孩子年纪小，脾气很大，总和自己顶嘴；有的说孩子注意力一点都不集中，患有多动症；有的说孩子整天就喜欢往外跑，坐不住，等等。

因为是孩子，所以孩子的未来发展有无限的可能性。俗话说，莫欺少年穷。少年可能平淡无奇，但将来在因缘际会之下也会一飞冲天。父母给这么小的孩子贴上各种标签，怎么能期待孩子冲破禁锢呢？

更何况，父母此刻认为的孩子的非常严重的缺点，恰恰有可能是孩子将来成功所必备的特点。

比如，很多父母觉得内向的孩子不好，将来跟人交往容易吃亏。事实上，内向的孩子更专注，想法也更多，做事更全面。一项调查发现，有 70% 的成功者都是内向的。

再者，父母随便给孩子贴上负面标签，容易给孩子造成皮格马利翁效应。所谓皮格马利翁效应，是美国心理学家罗森塔尔和雅各布森通过实验提出来的。他们在美国随便找了一个学校，随机从每班抽取 3 名学生，一共抽取了 6 个班级共 18 个人。罗森塔尔把这 18 个人的名单交给了校长，并告知校长："这些人经过科学测定，智商卓越，都是不可多得的人才。"

半年后，罗森塔尔回访该学校，发现这 18 个人果然取得了惊人的进步，成绩都提高了很多，远远超过他们应有的水平。这些学生原本是随机抽取的，纯粹是因为校长把罗森塔尔的结论转达给了教师。教师对这批学生有了超乎寻常的期待，因此他们的行为也发生了改变。比如，给这些学生更多的提问机会，更多的鼓励，而这些学生的任何正向反馈也会向教师证明，他们确实有不凡之处。最后学生在受到教师"特殊期待"之后，证明了自己确实与众不同。

皮格马利翁效应属于正向的反馈。反之亦然，当父母或老师传递给孩子消极期待的时候，也会进一步强化孩子的负面行为。

我曾遇到过一个爸爸，他的儿子上小学一年级，十分活泼。上课不遵守纪律，总是讲话，走神，影响课堂效果。老师经常把孩子的家长叫到学校，要求他们对孩子要严加管教。有一次老师实在生气，跟他说，怎么批评孩子都不行，莫不是有多动症。

这个孩子的爸爸就把这事放在了心上。他认定，儿子就是有多动症。他跟我说的时候，也坚定地认为孩子有多动症。根据我的经验，一年级小朋友不适应学校生活，控制不住自己的行为是正常的。

但是这个孩子的爸爸不听我的劝说，还是带孩子去医院做了检查。医生的诊断是孩子疑似多动症。因为多动症确诊过程很复杂，一般家长坚持认为孩子有多动症，医生会认为是疑似多动症，给开一些安神的药物。但是孩子吃了药，并不会好转。

孩子不遵守纪律，很可能就与他爸爸认定他有多动症有关。因为爸爸认定孩子有多动症，孩子每次不想遵守纪律的时候就会宽容自己，最后完全放弃了对自我行为的约束。这就是一个皮格马利翁效应的反面例子。

对待孩子的错误和负面行为，父母不要刻意强化，更不要给孩子贴上负面的标签。否则在父母的暗示下，孩子的行为只会越来越趋向于这些负面标签。

☀ 孩子犯了错误，该怎么办

如果孩子犯了错，父母首先要做的，不是责怪孩子，也不是当众指责孩子，更不应该逼着孩子认错。

其实，孩子比成年人自尊心更高，更敏感。有父母和老师很喜欢让孩子认错，甚至让孩子写检讨。事实上，孩子以什么方式承认错误并不重要，重要的是孩子从心里认识到自己的错误。逼着孩子承认错误并不能让孩子不再犯错误，反而会让孩子今后犯错误时更加谨慎，并且逐渐学会撒谎，欺骗父母。

孩子犯错，首先，父母应第一时间私下给孩子指出问题。其次，关于错误原因的分析，父母不要立刻就告诉孩子，问题出在什么地方，或者今后该如何避免。相反，父母可以用提问的方式询问孩子有没有解决错误的办法，有没有办法今后能避免这类错误。

父母经常对孩子做启发式提问，能让孩子学会独立思考，培养他们解决问题的能力，利用犯错的机会让孩子得到成长。

比如，我女儿有段时间早上喜欢赖床，怎么叫都叫不起，导致经常迟到。有一次，我问女儿，你觉得该怎么做，早上才能不迟到呢？我女儿想了半天，跟我说，给她买一个闹钟，声音大一点的，她以后自己起，不用我天天催。后来我带着她去选了一个她喜欢的闹钟，调了她喜欢的闹铃声。并跟她约定，如果还是起不来，那么就把这个闹钟暂时没收，咱们再想别的办法。

因为我女儿很喜欢那个闹钟，所以她非常积极自觉地早起了一段时间。当她失去了新鲜感，我又换了别的方法，女儿也积极地想了很多其他办法。现在，她基本都能准时早起，改变的主要原因是她自己参与了决策，认识到了早起的重要性，主动改进自己。

面对孩子犯的错误，父母不要急着贴标签，也不要逼着孩子认错，而是要帮着孩子一起解决问题，认识错误。

如何感悟生命的意义

幼小的孩子未必有机会接触到生死，养一只宠物是个不错的选择，能够给孩子提前打一针预防针。

☀ 生命教育需要契机

生命教育与性教育一样，带有一点特殊性。它需要一点契机，需要孩子自己先有所感悟，父母才能更好地对孩子进行引导。

不是每个孩子都会遇到和生死相关的事件，而生命教育却是每个孩子的必修课。

我的孩子第一次接触到生死，源于邻居家养的一只大金毛。金毛名叫可可，女儿从小就喜欢找可可玩，她还没出生的时候可可就在了。随着女儿渐渐长大，可可越来越老，越来越少出门，平时也不乐意动弹。女儿去找它，可可也并不会像小时候那样欢快地围着人转圈圈，只有慢慢摇动着尾巴，来表达它见到熟人开心的心情。

有一天，女儿从幼儿园回来时，可可已经去了天堂。连续几天见不到可可，女儿很失落，她问我："可可去了哪里？"我回答："可可去世了。"女儿问："什么是去世了？"那时女儿还在上幼儿园小班，我想了想还是如实告知："去世了就是再也见不到了。"

女儿有点接受不了每天都能见到的伙伴就这么再也见不到了，她一下子涌出了泪水，哭着说："我不要可可去世，妈妈你想办法别让可可去世。"

我耐心地跟女儿解释："死亡是不可逆转的，即便我们再不愿意，也阻止不了死亡。"女儿又问："可可为什么会死？"

"因为它太老了，它的身体和器官都旧了，老了，不能用了……"我回答。

从那以后快3个月里，女儿经常担心地拉着我的手说："妈妈，你不要老，也不要死好不好？"我有些感动，安慰她道："别怕，妈妈会陪你很久很久的。还要过很久很久妈妈才会老，你要珍惜跟妈妈在一起的时间哦。"

看得出来，女儿还是不太满意，她希望能得到妈妈可以长生不老的答案。可生命的真谛就在于向死而生。

这样深入探讨生命意义的契机可遇而不可求。除了自然遇到之外，还可以通过养宠物以及看电影的方式让孩子接触到生与死的概念。

❋ 宠物唤起孩子的责任心

如果说有什么方法既能培养孩子责任心又能对孩子展开生命教育，那一定是养宠物。

孩子作为被照顾者，平时更多的是作为接受者，而不是施予者。习惯了接受爱的孩子很容易将别人对自己的照顾视为理所当然，偶尔有机会能担任施予者的角色，对孩子的成长会有莫大的帮助。

7岁的男孩嘟嘟在父母眼里又懒又爱发脾气，平时让他做点事，他总是小嘴一撅，眉头一皱，回一句："凭什么？"爸爸妈妈和爷爷奶奶都拿嘟嘟没有办法。

有天嘟嘟和爸爸去爸爸的同事家玩，刚好同事家的小狗生了宝宝。小奶狗刚满3个月，正是活泼调皮的时候。嘟嘟吵着闹着非要一只，爸爸的同事答应了。嘟嘟带着小狗回了家。刚开始，嘟嘟觉得很新奇，主动给小狗喂食，带小狗出去遛弯，尽到了一个小主人的责任。可是没几天，他就因为要玩游戏，懒得出门了。小狗不能出门，就把便便拉在了嘟嘟最喜欢的耐克运动鞋里。

嘟嘟气坏了，当时就要把小狗丢出门外，最后爸爸提议说："既然嘟嘟照顾不好小狗，不如把小狗还给他原来的主人。"嘟嘟还在气头上，就答应了。

送走小狗后，嘟嘟后悔了。他意识到是自己没有尽到照顾小狗的责任，小狗才会随处便便。先做错的人是他。想到以后再也不能跟小狗玩，嘟嘟哭了起来，他哀求爸爸去把小狗讨回来。

爸爸说，"这是一条小生命，又不是一个玩具，怎么能说不要就不要，说要回来就要回来呢？"可经不住嘟嘟反复恳求，爸爸答应帮他要回小狗。但爸爸也要求嘟嘟在妈妈的帮助下，保证要好好照顾小狗。每天嘟嘟负责给小狗喂食，带小狗出门散步，如果小狗在外面拉屎，还要学着要用报纸把便便包起来扔进垃圾桶。如果嘟嘟做不到，小狗就会被永远送走了。

嘟嘟答应了下来并用拼音写下保证书。这之后，他每天都认真负责地照顾小狗，不再偷懒，也不再乱发脾气了。

嘟嘟在照顾小狗的过程中，变得勤快又有责任心，他的付出也得到了小狗情感上的回报。在这个家里，小狗最喜欢的就是嘟嘟。每天嘟嘟放学的时候，小狗就会又跳又蹦地扑向自己的小主人。这样的情感反馈让嘟嘟感到快乐，他也拥有了爱心即便小狗咬坏了他心爱的玩具消防车，他也再没有说出要把小狗送走这样的话了。

☀ 最适合养宠物的年龄

经常有父母问：我的孩子只有 5 岁，养宠物会不会太小？我的孩子才 3 岁，自己还有很多事情做不好，怎么能养好宠物呢？

事实上，最适合养宠物的年龄恰恰是 3-8 岁。这个年龄段的孩子有一个独特的优势：他们会把宠物当成是自己的同伴一样平等对待，也就是说这个年龄段的孩子养宠物更有助于培养他的同理心。

小于 3 岁的孩子显然无法照顾宠物，而大于 8 岁的孩子往往较难与宠物产生很深的情感联结了。他们会觉得跟宠物说话，把宠物当成人一样能思考、有感情的同伴的行为十分幼稚。

著名的心理学家皮亚杰发现，3—8 岁的孩子更倾向于把无生命体看作有生命的东西，把动物看作人类的伙伴并与它们嬉戏、玩耍、交谈，甚至倾诉心事。这样的倾向叫作"泛灵论"，也就是万物皆有灵的意思。

比方说孩子到了特定年龄，玩具被弄坏了，多半会哭得很伤心，因为他会觉得玩具也有痛觉，弄坏了会很痛。

也有的孩子在"泛灵论阶段"产生了恋物癖好，一定要抱着一个娃娃或者一条毯子才能入睡。对他来说，那个娃娃或毯子并不仅仅是一件东西，而是一个能给予他安全感，陪伴他的"小伙伴"。

"泛灵论"的极端例子，是孩子会假装拥有一个看不见的朋友，并经常和这个看不见的朋友聊天讲话。这通常是因为孩子没有合适的小伙伴，实在太寂寞了。父母看到了，难免会觉得心里"毛毛"的。相比之下，给孩子一个宠物伙伴是让孩子顺利度过"泛灵论阶段"的好办法。

首先宠物伙伴，尤其是小猫、小狗，能够给予孩子情感上的回应，孩子会得到"我对狗狗好，狗狗也会更加喜欢我"的反馈。

其次宠物小伙伴能培养孩子的同理心。当孩子跟小狗玩得过火的时候，或者无意中把小狗弄疼了，小狗发出哀鸣，一定程度上孩子就能学会换位思考了。

据心理学家统计，家里有弟弟妹妹的孩子，在跟同伴玩耍的时候行为更有分寸。如果父母不打算生二胎，那么养一只宠物让孩子照顾，也能起到差不多的效果。

☀ 从蚕宝宝身上学习生命的轮回

如果你没有做好准备迎接一个会陪伴家人十年以上的毛孩子，又想让孩子通过养宠物来接受生命教育，那么最适合家养的宠物就是蚕宝宝。蚕宝宝虽然不是可以和孩子产生情感交流的宠物，但它的生命周期短，且能让孩子经历一个完整的从孵化到死亡的生命教育。

从蚕宝宝孵化出来，到一点一点长大，孩子能亲眼看到一个生命的成长。如果条件允许，父母还可以带孩子亲自去采摘桑叶，让他们亲手把叶子擦干净，清理蚕的小窝，参与到照顾蚕宝宝的工作中来。这也是让孩子学会承担责

任的方法之一。

在养育过程中，父母可以轻轻地把蚕宝宝放在孩子手上，让他感受生命的脆弱和弱小。如果遇到中途死亡的蚕，可以以此教育孩子生命的可贵。一个小生命逝去后，就再也不可逆转，父母可以和孩子一起将蚕宝宝葬在土里，让孩子学会尊重生命。

等蚕慢慢长大吐丝结茧，父母可以让孩子仔细观察蚕的变化。对于蚕这种生物来说，生命的形态是会发生改变的，这是一个奇妙又充满魅力的过程。当蚕破茧化蝶之后，又可以让孩子见识到生命是如何繁衍的。蛾产卵死去后，父母可以告诉孩子生命是如何一代又一代传承下去的。最后记得好好保存蚕卵，等来年再次孵化，并将逝去的蛾子埋葬，同孩子一起与它们好好告别。

蚕之所以能成为幼儿园、小学最受欢迎的宠物，不是没有道理的。然而大多数学校只会教孩子认真观察蚕的变化，并没有顺势引导孩子感受生命的轮回。其实蚕宝宝也是非常好的生命教育素材，有机会一定要利用起来。

面对困难，最好的方法是正面出击

☀ **遇到困难，陪着孩子共同面对**

当孩子遇到困难的时候，也是最需要父母的时候。他们需要的不是父母给他们增加压力，也不是父母的责备，而是父母的理解和支持。泰戈尔曾说过，如果把所有的错误都关在门外的话，真理也要被关在门外了。孩子犯错是很自然的，重要的是，父母能不能把错误变成前进的阶梯。

现在的孩子大都多才多艺，经常有参加各种比赛的机会。有的孩子特别注重输赢，输了就大发脾气。我见过一些父母，当孩子比赛失利、大发脾气的时候，便责怪各种"现实因素"，比如"第一个上场了"；"服装让孩子觉得不舒服了"；"场地有问题了"等问题。这种做法非常不好，因为父母这是在帮助孩子寻找逃避的借口。今后孩子受到挫折时，很容易养成归因于外部因素的坏习惯。

还有的父母，一见孩子输，也不管孩子多么伤心，上来就对孩子一通责怪。这等于给孩子雪上加霜，打击了孩子的积极性。孩子不但情绪受到了阻滞，而且留下了心理阴影，今后可能一遇到比赛就会格外紧张。

陪孩子面对困难的意思，是站在孩子的立场，帮助他坚定面对困难的信心与决心。当孩子遇到困难的时候，父母一定要换位思考，理解孩子的想法。

☀ 开放式提问有助于理解孩子的困境

很多时候，父母不理解为什么看起来并不严重的问题，孩子会那么纠结。对待挫折，父母的视角和孩子的视角往往是不同的。比如，孩子和朋友吵架了，父母认为这只是一个小挫折，可是对孩子来说可能就非常严重。

如果父母发现孩子精神状态不佳，就可以判断孩子遇到了对他来说比较严重的挫折。当然，不是每个孩子都愿意主动告诉父母自己对挫折的看法，也有些孩子不知道该怎么形容自己的感受。这种情况下，父母可以采用开放式提问的方法，来了解孩子遇到的困境。

所谓开放式提问，就是没有确定答案的提问。举个例子，"你今天晚上喝汤了吗？"这就是封闭式提问，被询问者只能回答"喝了"或者"没喝"。如果对方问"今天晚上你吃了什么？"这就是开放式提问，提问者并没有给出预期的选项。

父母经常使用开放式提问，就可以深入挖掘孩子对于挫折的看法，引导他们主动解决问题。

比如，父母发现孩子最近成绩下降了，可以这么问：

"宝贝，你这次成绩好像有点退步了，是为什么呢？"

孩子："我最近上课注意力有点不太集中。"

父母："为什么注意力不集中？"

孩子："大概是晚上学得太晚了，白天有点犯困。"

父母："你觉得应该怎么调整比较好？"

孩子："我晚上尽量抓紧一点，早点睡。"

父母："需要爸爸妈妈为你做点什么吗？"

孩子："我希望你们能帮我抄一下错题，这样我能节约一点时间，就能早点睡觉了。"

开放式提问，能把父母变成一个更好的倾听者。父母不会在谈话前预先设定孩子的感受。如果父母上来就问："你最近学习是不是不专心？你有没有偷偷玩手机？"这样的封闭式提问，会一下子激起孩子的反感，尤其是父母并没有猜中他们的想法的时候。

多用封闭式提问，可以让孩子更容易和父母进行交流和沟通。父母也能更深入地了解，孩子到底遇到了什么样的挫折，需要父母提供怎样的支持。

✹ 不要夸大负面影响

孩子在遇到挫折的时候，家长难免会感到焦虑。父母一焦虑，就会放大挫折带来的结果。很多时候，不是孩子的心乱了，是父母的心先开始焦躁，进而影响到孩子。

北京卫视有一档教育类真人秀节目叫《老师请回答》。其中有个 10 岁的男孩，有一天向父母宣布："我有一件重要的事要告诉你们。"原来这个男孩喜欢上了班上的一个女同学。理由是那个女生是班干部，在管理同学的时候，对他没有那么严厉。男孩就觉得女生应该是爱慕自己。

结果男孩的妈妈知道后，非常严厉地表示了反对。她认为早恋会毁掉一个孩子，早恋会让孩子的成绩一落千丈。

实际上我们通过孩子的描述，就知道，这个年龄段的孩子还没有进入青春期，他们所谓的爱慕，仅仅是一种好感，是一种异性之间所产生的友情。孩子们不可能像成年人一样全身心地投入一段感情。更何况就算是真的谈恋爱也未必一定会影响成绩。这个妈妈把孩子对异性的一点好感看得这么严重，她的焦虑必然会影响到孩子的心情。

当孩子遇到问题的时候，父母要尽量弱化事件对孩子的影响，不要夸大负面影响。孩子本来就是多变的，很多问题他们自己就能消化。就像这个"早恋"的男孩，如果妈妈不去干涉他，不先入为主的训斥他，可能过两天他"喜欢"了另一个女孩子或和这个女孩成为了好朋友。

我有个好朋友，她的儿子读初三，她经常因为儿子的成绩起起伏伏而感到焦虑。有一次，她的儿子在区联考中成绩下滑得很厉害，从班级前几名掉到了中游。她收到儿子的成绩后，心情很不好，没有直接回家，而是来找我吃饭。她说："我实在太焦虑了，我如果现在回家，一定会忍不住把儿子痛骂一顿，我得先出来消化一下自己的负面情绪。"

我安慰她："这次成绩只是一时的，或许孩子只是状态不佳，一时没考好呢？"最后，她决定回家后不但不责骂儿子，还要反过来安慰儿子。告诉他失败只是一时的，调整好状态还是能很快赶上去的。

后来，她的儿子顺利考上了重点高中的重点班。他还专门写了一篇文章发到了学校的校刊上。他在文章里写道："非常感谢我的妈妈，在我陷入低谷的时候没有责骂我。因为那次模拟考成绩非常糟糕，我自己都没法原谅自己。如果妈妈当时批评我的话，我想我一定会受不了的。我当时已经准备好了要和妈妈吵一架。没想到妈妈不但没骂我，反而鼓励我，成绩只是一时的，重要的是找到自己的不足，把漏洞都弥补上。我一下子就被感动了，我发誓绝对不能辜负妈妈的期望。每当我松懈下来的时候，我就想起妈妈的鼓励……"

父母最重要的是控制自己的焦虑，因为焦虑是会传染的，父母控制不好自己的负面情绪，把它传递给孩子，孩子又没有地方发泄这种苦恼，他要怎么办呢？

只有父母弱化挫折的负面影响，孩子才能更加积极向上。

✦ 教会孩子，遇到困难不要急躁

当孩子遇到困难的时候，他们往往会变得非常焦虑。如果没法立刻克服困难，孩子很容易陷入急躁的情绪中。这时候，父母就要成为孩子的定心丸，要知道任何成功都没有一蹴而就的。父母要教会孩子打"防守反击战"，先稳下来，再徐徐图之。

我曾经辅导过一个小名叫小栗子的男孩，他上四年级，平时很喜欢看书，一天可以看完一本 200 页的小说。但他写作文就是不得章法。因为他妈妈跟我比较熟，就拜托我给他辅导一下作文。

我跟他接触了一段时间，发现他主要有两个问题：第一是思绪比较散漫，刚写 A 就想到 B，落笔的时候已经想到了 E，所以他作文前后不搭。第二是他基础知识不太好，经常提笔忘字。写作的时候，思路经常因为写不出相应的字而被打乱，最后只能挑简单的句子写，作文分数自然就不高了。

对此，他妈妈挺着急的，说他看了那么多书，都"白读了"。首先，我解决了妈妈的急躁，让她以后不要再说这样的话了。孩子喜欢看书是好事，哪怕现在没有体现到作文分数上，今后总会有用的。

其次，我让她妈妈给孩子一个学期时间，即使中间作文分数不行，也不要置喙。他妈妈也都答应了。我先是让他抄作文选，通过抄写作文选，一方面能练字，另一方面让他的思绪慢下来。然后仿照作文选写一些片段，这同样是防止他写作文的时候，思绪信马由缰，拉不回来。这样过了大概三个月，他已经能写出一篇比较像样的作文了。我再让他加入自己的思想，但是一篇文章只准他发散一次或两次思维。就这样，我慢慢地调动他写作文的积极性，肯定他自己的思路，他的作文成绩终于有了很大的提高。

在生活里，父母要经常活用"防守反击战术"，遇到孩子的各种问题要先稳住，不要自乱阵脚。然后告诉孩子，咱们一点一点地追上去，不要急于求成，这样孩子的心理压力也没有这么大，自尊心和自信心也不会受挫，反而能取得更好的成绩。

以成长的心态看待挫折

父母如何看待挫折，也会影响孩子看待挫折的角度。看待挫折最正确的方式，就是把挫折当成一次成长的机会。

有人说，成长就是主观世界遇到客观世界之间的那条沟，掉进去了叫挫折，爬出去了叫成长。意思就是孩子想象中的理想情况和现实世界的反馈有差距，这个差距对孩

子来说就是挫折。只有克服挫折，孩子才会真正地得到成长。

什么样的人会难以忍受挫折，一遇到挫折就一蹶不振？这类人一般认为错误一旦发生就是无可挽回的。他们所拥有的思维方式，通常是"固定型思维"。

固定型思维模式的人，认为人的能力是天生的，不会发生改变。当他们保持这样的想法，在遇到挫折时，就会把问题归咎于自己。比如，数学没考好，一定因为我脑子不好。脑子不好这件事能改吗？不能。所以我的数学就没有办法学好。

挫折对于固定型思维的人来说打击很大。固定型思维的人喜欢给自己贴标签，一旦遇到挫折，第一反应就是"我不行"，这事解决不了。

孩子的固定型思维往往是父母造就的。孩子弹钢琴弹得不好，父母说："你一点音乐天赋都没有，节奏感怎么这么差。"孩子做作业错误多，父母说："你怎么这么笨。"孩子没有跟人主动打招呼，父母说："这孩子就是内向，胆子小。"说来说去，孩子就会觉得，因为我没有音乐天赋，所以我弹不好钢琴；因为我笨，所以写作业总是错；因为我内向，胆小，所以我才会不好意思跟人打招呼。

固定型思维便这样逐渐养成了。与之相对的，是成长型思维模式的人。成长型思维模式的人会认为："人的能力可以通过努力改变。"带着这样的想法，成长型思维模式的人不会害怕挫折，他们会把挫折当成一次机遇，一次发现自己不足的机会。比如，数学没考好，是因为我练习做得少了。如果我多多练习，认真思考，我的数学成绩就一定能得到提高。

同样，孩子的成长型思维也是父母培养的。孩子弹钢琴弹得不好，父母说："你这一部分练习再多一点，就会流畅了。"孩子做作业错误多，父母说："最近作业完成得不好，是因为上课不够专心吗？试试上课更加专注，有问题多问问老师，先复习一下课本再做作业。"孩子没有主动跟人打招呼，父母说："这是刘阿姨，宝贝下次见面熟悉了刘阿姨，要跟她打招呼好吗？"

对于成长型思维的人来说，挫折意味着努力不够。只要他们愿意，挫折一定会被克服的。父母首先要自己养成成长型思维。这样在面对孩子的挫折时，父母的心态就能更加平和，也能明白孩子的挫折只是一时的，只要努力，就一定能克服困难，得到成长。

父母和孩子都是成长型思维，整个家庭对待挫折的心态都会从容很多。孩子就能轻松地走出困境。

第八章

父母是孩子站起来的力量

我们给孩子们两份永久的遗产：一份是根，一份是翅膀。

每个孩子在成长过程中都会遇到很多挫折。大部分情况下，他们有能力自己面对挫折，解决问题。孩子比我们想象得更有韧性。他们能爬得高，走得远，正是因为有父母给予的情感支持。只有安全设备齐全的登山者才能心无旁骛、头也不回地往上爬。

父母无条件的支持就是孩子的"安全设备"，也就是他们的安全感。

学会倾听孩子内心的想法

心理学有句名言: To be is to be perceived(存在即感知)。一切能被看到的情绪都能被消解。

☀ 不要否定孩子的情绪

很多父母往往不理解孩子为什么会"为了一点小事"大哭大闹,大发雷霆。他们觉得孩子的抗挫能力太差了,一点小挫折都经不起。同时他们也不能接纳孩子的负面情绪,认为孩子为了这点事就痛苦,甚至大哭,完全不值得。

这实际上是来自成人的傲慢。

之前有个五年级的小女孩因为老师反反复复让她改作文,最终,绝望之下选择跳楼。当时有许多网友说现在的孩子怎么了?改个作文就受不了了吗?

其实类似的事例每天都在上演。我读初一的侄子有段时间情绪特别低落。他妈妈希望我能开解一下孩子。我侄子成绩在学校里一直是中等偏下,补补课还能提高一些。由于他成绩一直如此上下起伏,他妈妈认为孩子平时不怎么在意成绩,不应该情绪突然低落,因此怀疑儿子会不会是早恋了。

我没有先入为主地下结论。我跟侄子平时关系不错,而是静静地听他讲。原来上了初中以后科目一下子增多了,他觉得压力有点大。妈妈对他还是抱有很大的期望，所以他也真的是想学好。他的班主任教英语，所以英语抓得特别严，每天都要默写，背诵。偏偏他最不擅长的就是英语。别人 20 分钟能背下来的课文，他花 1 个小时都只能背个磕磕绊绊。

因为英语学得不好，班主任特别喜欢上课抽他背诵，背不出来就罚抄课文。还给他额外布置了背诵任务。他觉得压力很大，晚上总是做梦梦到被老师叫起来背课文却背不出。

从父母的角度看，背书背不出有什么可低落的呢？背不出来背出来就好了啊。然而站在孩子的角度，要学的科目这么多，学习任务本来就越来越重了。我侄子成绩虽然不算好，但完成作业也是他的底线。他每天都花很多时间背诵，可是却不见成效。他的心理压力自然很大。

其次老师在课堂上公开叫他站起来背书，这对他来说心理压力也很大。很多时候明明课后背得出的内容，站起来一紧张就容易大脑一片空白。侄子已经进入了青春期，到了对同伴反应十分敏感的年龄。每次他背不出，同学就一阵哄笑，其中包括他的好哥们和有好感的女生。

背书不但影响了侄子学习上的自信，也对他的人际关系产生了压力。父母看到的只是很简单的心情低落，但实际上孩子已经在父母看不见的地方承受了很多压力。

父母不能否定孩子的情绪，认为孩子的失落、伤心和沮丧是不必要的。父母也不能光凭经验就认定孩子所遭遇的困难是微不足道的。每个年龄的孩子都有其能力上限，遇到的困难也各不相同。13 岁可能是背不出书，6 岁可能是拼音学不会，4 岁可能是学不会自己穿衣，2 岁可能是不会自己吃饭，等等。用成人的眼光去看待孩子的困难是没有意义的，用成人的眼光去评判孩子的情绪更是"站着说话不腰疼"。

所有的育儿专家都建议父母蹲下来跟孩子说话。请记住父母需要做的不仅是身高上和孩子平等，更重要的是放下成人的"傲慢"去体会孩子的感受。

✳ 倾听孩子的感受

有时候仅仅是体会孩子的感受还不够，更重要的是要倾听孩子的感受。有些时候，心理咨询师光是引导来访者说出更多的感受和经历，就能起到相当程度的疗愈作用。作为成人，我们可能也常常会有这样的体会，烦闷了，伤心了，难过了，但只要说出来，就会感到轻松多了。孩子也是一样。

倾听为什么有这么大的威力，就是因为当人们说出去的话被认真聆听之后，说明倾诉者是得到关注的，负面的情绪有了去向，就不会郁结在心里。

孩子的愿望有时候非常简单，只要说出来，被听见，获得关注就足矣。然而父母往往不知道，倾听的姿势跟倾听本身一样重要，很多时候父母用错了姿势，不但不能消解孩子受挫的心情，反而会给他们背上沉重的包袱。父母在听孩子诉说内心感受的时候，要谨记"三个不"。

第一个"不"：不要分心。

现代人基本上都手机不离手。有些内向的小朋友，想要跟爸妈说点什么，是要鼓起很大的勇气的。孩子好不容易讲了两三句，一抬头，发现妈妈或者爸爸正在盯着手机，就像被泼了一头凉水，也就不想再说下去了。

这就好比你精心准备了 1 个月的商业计划书，交到老板手里，满心期待老板能快点看看给你个反馈，最好能立马对你大加赞扬。结果老板把你的心血往文件堆里一丢，眼皮都没抬，随口说了一句："知道了，我会看的。"你的心是不是立马变得拔凉拔凉的。

将心比心，孩子如果找你倾诉，请一定放下手机，认认真真地听听他在说什么。如果确实工作很忙，就告诉孩子：我很想跟你聊聊，但是我现在确实走不开。给我一个小时，我好了一定来找你，好吗？

当然，在取得孩子认可后，家长一定要记得兑现承诺，找孩子聊聊，别给忙忘了。实在担心忘记，可以在手机上设定闹钟。

在听孩子讲话的时候，父母除了不看手机，也尽量不要总是看手表、时钟，显得一副很想立刻结束聊天的样子。父母可以注视着孩子的眼睛，也可以拉着孩子的手，或搂着孩子的肩，表示父母跟孩子是"一伙"的。记住，肢体语言往往比语言更管用。

第二个"不"：不忙下结论。

有的父母，特别爱给孩子贴标签。孩子每每跟父母说不到三句，父母就喜欢下结论。例如，孩子倾诉说跟同学闹别扭了，两人因为谁弄坏了对方一支笔，彼此互不理睬。

武断型父母就会立马说："我早跟你说过做人不能太小气。你就是太小气了，才总跟人处不好。"

这种凡事习惯贴标签，开口就是"早知道"的父母，最打击孩子的积极性。没有谁喜欢听人责备，本来孩子心情就不好，想来父母这倾诉一下求安慰。结果父母张口就给他贴标签，久而久之，他就什么也不想说了。

第三个"不"：不忙出主意。

还有一种父母，虽然不给孩子贴标签，但却最爱给孩子出主意。孩子一有问题，一遇到挫折，跑来找爸妈倾诉。结果父母刚听个大概就开始热情地给孩子出主意。

比方说孩子在学校里不受老师待见，经常被老师批评。孩子感到很挫败，甚至有点厌学。回来跟父母一说，父母立刻就给孩子讲：没关系，我改天去学校拜访一下你们老师，他可能就不会为难你了。

并不是每个孩子都希望别人给自己出谋划策，甚至代为解决问题。很多时候他们只想发发牢骚，诉诉苦罢了。有的孩子不喜欢父母插手自己的事，尤其像老师这种，要靠父母社交才能解决问题，孩子会觉得自己很无能，也很难接受尊敬的师长竟然是这样来解决问题的。

所以父母不要动不动就给孩子出主意。除非孩子主动求援，征求父母的意见，否则只需要带一双耳朵，认真聆听孩子的感受，让他发泄一下负面情绪就足矣。

看到真实的孩子

一个令家长感到有些扎心的事实是，大部分父母往往不像自己想象中那么了解孩子。一方面不是每个孩子都能在父母面前自如地表现出真实的自己，另一方面父母看待孩子大多带着滤镜，看到的也并非是真实的孩子。

✳ 父母看孩子的时候，总是带着投射

亲子关系是一种特殊的亲密关系。特殊就特殊在父母

在跟孩子相处的时候，很容易在孩子身上投射童年的自己。反而忽略了孩子本身。

我朋友家里有三个孩子。一般来说三胎的家庭，老二都是受忽略的那个。非常凑巧，我朋友本身也是家里的老二，童年一直受父母忽略，被姐姐和弟弟欺负。但是她家的二女儿跟她完全不一样，性格外向，甚至有点霸道。

有一次我跟朋友全家出去旅游，我就发现朋友对老二特别照顾，每次老二跟姐姐、妹妹争执，她都会站在老二那边。甚至有时在旁人看来，明显是老二的错，朋友也不在乎。

有一次老二动手抢妹妹的玩具，把妹妹推到地上，弄哭了。朋友也只是哄了哄妹妹，没有批评老二。我很好奇，就问她，为什么偏心偏得这么明显？

朋友笑笑说：家里三个孩子，老二总是最容易被忽略。孩子的爸爸更偏爱妹妹，老大是婆婆帮着带大的，奶奶偏爱老大，如果她再不站在老二这边，她就会很可怜。

这话貌似很有道理，可据我观察，虽然我没见她婆婆如何偏爱，但孩子爸爸并没有表现出明显的偏爱，只是因为老三比较小，经常要抱，抱得多了一些罢了。

朋友家的老二并不是一个不得宠的受气包，她甚至比姐姐妹妹还要更跋扈一些。朋友之所以觉得老二可怜，其实代入的是她自己的童年。不受父母喜欢，总是被姐姐妹妹欺负的不是她的老二，而是童年的她。她所看到的也并不是真正的孩子，而是带着滤镜的童年的自己。

朋友的这种偏见也影响了三个孩子，老大和老三会觉得自己不受妈妈的宠爱。老二则擅长向妈妈告状，扮可怜，让妈妈觉得自己受了欺负。孩子是很容易察觉到父母究竟要什么，并主动迎合父母的需求。老二正是察觉到了妈妈这种隐蔽的心理需求，发觉自己每次告状，妈妈不但会站在自己这边，还有点隐隐约约的高兴，才会变本加厉地坚持这么做。

父母对孩子的投射，影响他们看到真实的孩子。有的父母，就像我朋友，看不到孩子其实不需要帮助，而一再插手孩子的事情；也有的父母，则会对孩子进行负面投射。

所谓负面投射，就是说父母害怕自己的某种负面特质出现在孩子身上，所以孩子一旦表现出某种倾向，就令父母紧张，或者反应过度。比方说有个妈妈曾经跟我说，她小的时候性格特别内向，从来不敢主动跟人打招呼，自己觉得因为性格原因这辈子吃了不少亏。现在她有了一个女儿，就十分担心女儿像她一样内向。可女儿好像见人也不肯打招呼，很怕生的样子，她不知道该怎么才能让女儿外向开朗，主动跟人打招呼。

说来可笑，这个妈妈的女儿才刚 1 岁半，怕生是很正常的。小孩子都有这么一个怕生的阶段，却被妈妈解读成了内向胆怯，这就是负面投射。糟糕的是，由于过于担心孩子内向，妈妈会放大孩子每一个举动，寻找孩子内向的证据，最后给孩子贴上内向的标签。

另外，妈妈的担心也会给孩子带来很多压力。比方说每次见到孩子不熟悉的生人，妈妈都要求孩子喊"阿姨"，"叔叔"。如果孩子不喊，父母就一个劲儿地在陌生人面前催促孩子，甚至发展到后来妈妈会当着陌生人的面说："我这孩子就是内向，怕生，不敢跟人打招呼。"孩子听了之后越发不敢跟人打招呼了，慢慢地就变成妈妈所"预设"的内向性格了。

其实如果原本没有这么一位预判孩子内向的妈妈，孩子也不一定会变得这么内向。

☀ 孩子在父母面前表现的也不是真实的自己

由于投射滤镜，父母所看的孩子并不是孩子真实的样子，那么孩子在父母面前表现的又是不是他们真实的样子呢？

大概率也不是。

微博上有个老师因为做公益，得到零食厂商赞助的一大箱辣条。然后他发朋友圈说要送给他们班上的学生们吃。结果一些人留言说，老师，辣条是垃圾食品，给学生吃不好吧，家长会有意见的。

于是他在班上就问孩子们，父母允不允许他们吃辣条。然后班上几乎大部分孩子都举手说父母不许他们吃，甚至有一个小孩压根没听说过辣条。

最后老师说，既然你们父母都不同意你们吃，就不发辣条了。结果所有的小孩都说，虽然父母平时不同意他们吃，但他们其实都会偷偷买来吃。于是全班同学都"怂恿"老师发辣条。

由于父母总是会给孩子制定各种各样规矩，有的父母还会因为孩子不守规矩而责骂、惩罚孩子。这就导致大部分孩子并不会在父母面前表现出百分百的真实。

所以孩子在遇到挫折或者情绪低落的时候，父母可能并不会第一时间就发现异样。这就需要父母对孩子更细心地观察，平时也不要对孩子太过严厉。如果每次孩子犯点错误，父母就严厉地打骂孩子，令孩子在父母面前非常放不开。那么当孩子遇到挫折首先想的肯定不是向父母倾诉，而是自己一个人默默地消化。

☀ 陪孩子一起解决问题

只有当父母能看得到孩子真实的样子，他们才能陪孩子一起面对各种生活和学习上的挫折和困难。

陪孩子一起解决问题，重点是父母在孩子面对困难的时候不能扮演救世主的角色，把所有困难一扫而空。父母不能做解决困难的主角，而应做辅助孩子解决问题的配角。

举个最简单的例子。

侄女一年级的时候，有一次班上举行主题班会，她爸妈有事去不了，让我代劳。其中有一项是系鞋带。现在的小孩在幼儿园里大部分是不穿需要系鞋带的鞋子的，一方面系鞋带比较麻烦，老师没办法一个个给系过来。另一方面园方也担心小朋友鞋带松了被绊倒。

于是她们班上大概就有十多个孩子，是不会自己系鞋带的。班会上有一个项目就是比赛谁系鞋带时间短。

由于这是一个亲子班会，所以不会系鞋带的小朋友的父母都会现场教学。有的父母很耐心，会一遍又一遍指导孩子怎么系。有的父母就很着急，示范两遍孩子依旧不会，就会很急躁地训斥孩子，也有的父母直接和孩子说："学不会咱们就放弃这一项，反正不会的小朋友那么多。"

结果就是正式比赛的时候，父母耐心教的孩子虽然鞋带系得很慢，但是完成了。被父母训斥和中途放弃的孩子都没有完成这项任务。学会的孩子的喜悦溢于言表，没学会的孩子则显得很沮丧。我亲眼看见两个孩子头低了下去，其中一个孩子的爸爸还在数落他："这点小事都学不会，真没用。"而另一个孩子的妈妈则说："没关系，咱以后不买有鞋带的鞋子。"

这两个孩子显然没有得到适当的安慰。不管怎么说，大家都会的项目他们不会，还是很受打击的。尤其当他们发现，一部分原本跟他们一样不会系鞋带的孩子，在父母的指导下学会了系鞋带时。孩子往往察觉不到是父母不会教，只会觉得自己太没用了，为什么别人都行，我不行。

这虽然是一个很小的挫折，但却可以看到，能得到父母帮助的孩子比受到责骂或被放弃的孩子要幸运地多。哪怕只是学会了系鞋带这么一个小技能，也算克服了困难，能令孩子增添不少自信心。

没有后顾之忧的孩子最有力量

几乎所有的育儿书和育儿专家都会告诉父母，无条件的爱能解决孩子身上的一切问题。

这句话是对的，但家长往往不知道什么是无条件的爱，更不知道如何去表达无条件的爱。

☀ 无条件的爱和支持是什么？

无条件的爱到底是什么？很多家长觉得：我肯定是爱孩子的呀，哪有父母不爱孩子的？这还需要强调吗？当然需要。

父母必须要换换视角，明白一点：父母说"爱"不算数，孩子感受到爱才算数。请设想一下这样的场景：

孩子考试考砸了，垂头丧气地回来告诉妈妈。

妈妈一看试卷，立刻横眉冷对："考成这样你还好意思回来啊？脸都给你丢尽了。你这成绩，以后能考好的初中吗？考不上好的初中，能考上好的高中吗？考不上好的高中，怎么考上好大学？考得这么差，你还不抓紧时间学习！"

我们分别站在妈妈和孩子的角度，来感受一下。

站在妈妈的立场，当然是因为爱孩子才会苦口婆心地劝孩子。责备孩子也是为了他好，希望孩子能知耻而后勇，学习更努力一点。

然而站在孩子的立场则是：我考试考得不好，妈妈脸色就变了，甚至都不想看到我回来。说明只有考的好的时候，妈妈才爱我，考得不好，就不爱我了。妈妈的爱是有条件的。更进一步想，她希望我考得好，很可能是为了她的面子。至少此刻，我感觉不到妈妈爱我。

也有一些父母说：无条件的爱不就等于溺爱吗？考得不好还不能责骂了？孩子犯了错误都不能说了吗？

无条件的爱当然不等于溺爱。还是以考试成绩这个例子来看。扪心自问，妈妈真的认为只要批评孩子一通，孩

子就能自动自觉自发地学习，从而拿到好成绩了吗？

不会的。

妈妈的这通批评，主要还是以发泄情绪为目的。当孩子成绩不尽如人意的时候，会自动触发妈妈内心的焦虑。她会担心孩子将来无法在社会上立足。换言之，妈妈的出发点并不是帮助孩子解决问题，而是通过责备孩子，宣泄内心的焦虑。

如果妈妈真的无条件爱孩子，就应该以解决问题为第一要务。她应该询问孩子：这次没考好，你觉得原因是什么？咱们一起来分析卷子，看看哪些地方没有掌握。咱们争取把没掌握的知识点给掌握了，在学习上不留疏漏。

这样的说法，虽然也表达了希望孩子好好学习的意思，却不带情绪上的"钩子"，不会引发孩子的负面情绪，也不会让孩子错误认为妈妈只有在我学习好的时候才爱我，学得不好就不爱我了。孩子会认为妈妈只是想帮助我，解决学习上的困难。

同样是针对孩子考试没考好这件事，妈妈的反应不同，孩子的感受就不同。无条件的爱和支持比单纯情绪的宣泄对提高孩子的学习更有帮助，更有效。

所以无条件的爱绝不是溺爱。它不是让父母无视孩子的问题，也不是让父母凡事包办代替孩子，只是要求父母不要在孩子受挫的时候，优先宣泄自己的情绪，让孩子产生这样的误解："当我做得不好的时候，爸爸妈妈就不爱我了。"

无条件的爱是要让孩子感受到，在任何情况下爸爸妈妈都是爱我的。当我需要的时候，他们永远会爱我，支持我。

✳ 用鼓励帮孩子渡过困境

与成年人不同，孩子在受到挫折的时候，是非常需要帮助的。但孩子会不会主动向父母求助并寻求父母的慰藉，则取决于父母有没有给到孩子足够的安全感。

我曾经担任过儿童钢琴比赛的工作人员，跟参加比赛的孩子有过接触。比赛的时候，小朋友们逐个上台演奏乐器以及测试乐理知识，最终由评委打分并当场得到结果。

比赛嘛，总是有输有赢。有两个平时表现都很棒的孩子，这次都没发挥好。一个男生，一个女生。男孩学钢琴一年，已经弹得很好了，由于乐理知识不熟，回答的有些差强人意。女孩学琴两年，各方面表现都很不错，但是意外地弹错了好几个音，节奏被打乱后，演奏效果与她平时水平差距不少。

两个孩子都很沮丧，尤其是女孩，眼睛里有点泪光，委屈极了。孩子们下台后，男孩一下子扑到了妈妈怀里，不好意思地说："我不小心忘记了。下来我就想起来了，真是太倒霉了。"他妈妈温柔地笑笑说："没关系，咱们重在参与。妈妈看到你弹得很不错，乐理忘记了，我们下次记得牢一点就可以了。你很勇敢，敢在这么多小朋友面前表演，已经很棒啦！"小男孩一听就露出了笑脸，然后认认真真地看别的小朋友表演。

女孩的妈妈就不一样了。小姑娘委委屈屈地走下台，她妈妈一脸寒冰坐在那里，一句话都不说。小姑娘小声解释："我太紧张了，我……"话没说完，她妈妈就一脸不耐烦道："自己弹得不好，还不认真听别人弹吗？练了那么久，都白瞎了，真丢人。"小女孩嘴巴动了几下，最终什么也没说。

过一会我去卫生间，听到隔壁隔间传来哭泣的声音。我犹豫再三，没有敲门，而是在门外等了一会儿。大概过了5分钟，门打开了，小姑娘走了出来，眼睛红红的，看到我很不好意思的样子。我拍她的肩膀，说："你已经表现得不错啦，你们老师一直夸你姿势标准，感情充沛呢。"小姑娘低下了头，小声说："我怕妈妈回家骂我。我回答乐理问题的时候看到妈妈皱了下眉头，我就好紧张，我怕自己哪里做得不好，弹的时候就……就忘记了……"

同样的两个孩子，平时表现都不错，比赛时发挥不稳定，受到了挫折，却因为父母的态度，结果大相径庭。男孩将应该会更享受弹琴，享受比赛。因为当他受挫的时候，他的妈妈无条件地接纳了他，接纳了他表现不佳这件事，也接纳了孩子沮丧的情绪，并对他表示了支持。今后他将一次又一次愉悦地积累比赛经验，表现地越来越好。

女孩子则刚好相反。虽然她在实力上胜过男生，但是今后在弹琴时的快乐会逐渐减少。当她表演受挫，情绪非常低落时，却没有从父母这里得到任何安慰。她的妈妈没有给予小女孩无条件的支持，反而给她泼了一头凉水。这个女孩可能再也不会享受弹钢琴，享受比赛了。钢琴比赛并没有给她带来良性的经验，却让她产生心理阴影。每当想起钢琴比赛，她就会想起这次的失败体验，还有妈妈那冷冰冰的表情。如果下次比赛她因为紧张又掉了链子，又一次得到妈妈的负面反馈，她的心理负担会变得越来越重，从此陷入恶性循环。

得到父母无条件支持的孩子是幸运的，他们有力量克服任何困难。他们就像一个小小登山家，只要不停往上爬就好了，不用回头看，因为他们知道背后永远有一双手，会在他们站不稳的时候托住他们。

而得不到父母无条件支持的孩子，只能永远战战兢兢地独自前行，遇到困难也不敢告诉父母，因为他们不确定会不会受到来自父母的另一重打击。

没有完美的孩子

没有人是完美的，人可以追求完美，但过于完美主义则会给孩子的人生增加很多负担。

☀ 完美主义是父母培养出来的

完美主义是不是件好事？通常来说，父母认为孩子追求完美，自然是件好事。追求完美的孩子往往学习成绩更好，这是事实。然而过度追求完美却容易让孩子格外容易受挫。别人考到 59 分才会倍感沮丧，完美主义者在考到 80 分，甚至 90、95 的时候就会感到无法接受。这在学习上当然是追求上进，考出好成绩的动力，但也会引发许多完美主义者独有的心理问题。

许多人的完美主义是父母亲自培养出来的。

我有个小学同学，当年成绩一直非常好，经常考满分，令我们很是羡慕。有一次，她考了 94 分，一个人偷偷在学校操场边上哭。我跟她关系不错，想安慰她，却又觉得很不理解，因为那次题目有点偏，94 分已经是全班第三了。

她告诉我，她妈妈要求她一定要科科 100 分。不到 100 分的话，差几分打几下手心，她没法回家交代了。我给她看我才 81 分的卷子，可还是安慰不了她，那时候我年纪也小，就自管自回家了。

小学的时候她成绩一直很好，但是写作业特别慢。她每天写作业要写到晚上 11 点。而我每天 9 点准时睡觉，经常写完作业还能看个电视，读读课外书。

小学升初中的时候她以我们学校第一名的好成绩考上了市重点，而我只上了一所区重点。初中毕业升高中，我侥幸考到了市重点，可她却差一点连普通高中都没考上，最后以很低的分数上了我们家门口的高中。

她说到了初中，功课多起来，她的时间就不够用了。她总想把每一件事都做到最好，结果时间就越来越捉襟见肘。因为她的成绩下降，妈妈给她报了三个补习班，结果就是越补习越占用她的时间，成绩也就越差。

现在回头想想，千里之堤毁于蚁穴，她的崩溃始于完美主义。

如果不是她的妈妈一直要求她考满分，学习上任何事情都要做到最好，她就不会事事追求完美。一开始，她的完美主义给她带去了很多"甜头"，她的衣服永远那么整洁，文具永远整整齐齐，书包干干净净，得到了老师、家长、小朋友的称赞。于是她就进一步被强化成了完美主义者，不断用更高的标准来要求自己，渐渐地，她把追求完美当作了一种信念。

我印象很深的另一件事，是小时候和她一起写作业的时候，发现她但凡有一个字稍微写得有点不好，她就擦了重写。我说，"这样也太浪费时间了，这一笔只是稍微有一点点歪，不用擦掉吧？"她说，"就算我现在不擦，我妈晚上检查作业也会要我擦掉的。妈妈说的，只有平时认真仔细，考试才能考得好。"

现在回想起来，这不就是在培养完美主义者吗？

父母对孩子细节上的要求过多，不允许孩子失败，不允许孩子犯错，直接导致了孩子事事追求完美。当然，并不是说每一个完美主义者都会像我同学那样遭遇滑铁卢，但父母没必要刻意把孩子培养成一个完美主义者。

☀ 为了避免失败，完美主义者往往害怕尝试

完美主义者容易落入的另一个陷阱是他们往往会因为害怕失败而不敢做任何尝试。

辅导作业真人秀节目《亲爱的小课桌》中，有一个典型的完美主义的孩子，名叫凯凯。他妈妈要求他每门考试必须拿100分，参加街舞比赛必须拿到冠军，否则就会惩罚他。

凯凯才一年级，就已经极其怕输了。

小朋友们自我介绍，表演才艺的时候，只有这个孩子完全不肯做任何展示。一同表演的孩子里有好几个表演街舞的。身为街

舞比赛的冠军，凯凯却连下场都不肯。任何集体活动，对于他来说都是一场比赛，没有十足的把握能赢，他绝对不肯下场。

还有一次小朋友们搞活动，男生一队，女生一队各学一个舞蹈，学会了进行一场友谊比赛。所有的孩子之前都没学过这个舞，小朋友们都很开心地跟着老师一起跳，动作做不来就随性地张牙舞爪，堪称群魔乱舞。只有凯凯，一开始能跟得上老师动作的时候，他还在认真地学习，但是当有一个动作他没做对，跟不上后，他就拒绝再学下去了。无论老师怎么劝解，他都坚持不再学跳舞。

凯凯过分追求完美，根本不敢做任何没有把握的尝试，哪怕只是做游戏，他也极为抗拒。一个人要想变成更好的自己，必然要经过不断地学习与纠正。而完美主义者很难克服心理障碍，去学习、尝试新鲜事物，除非他们很有把握，可以一次就做到很好。

大部分完美主义者都有严重的拖延症。因为他们没有把事情一次做好，所以他们常常对事情拖着不做。而很多事情又有 deadline，不得不做，于是他们一直拖到最后一刻，才开始做。

✴ 父母要学会接纳孩子的不完美

一个完美主义的孩子，抗挫能力是很差的。他们对挫折的感知度也比一般孩子要敏感，他们更喜欢用回避的方式来对抗挫折。

　　但成年人有时还会犯错的，更何况小孩子。一个竭力避免犯错的孩子，很难走得更远。

　　因此当孩子犯错的时候，也是他受挫的时候，此时父母要避免给孩子增加压力。孩子受挫的时候，父母不要把自己变为指责孩子的角色，而要成为一个辅助孩子、帮助他认识错误、找到改进方向的角色。

　　对于孩子的成绩，父母不要一味追求满分，要允许孩子的成绩有所起伏波动，不要因为成绩的一时波动而去责怪孩子。

　　孩子对自我的最初认知，通常都是来自于父母。父母需要学会接纳孩子，包括接纳孩子的缺点甚至失败，孩子才会完全接纳自己，从而拥有更大的勇气去面对未知的挫折。

家是孩子最后的港湾

☀ 受到父母接纳的孩子，更能面对挫折

　　看到这里，你应该已经明白什么样的孩子能更快地从挫折中走出来了。只有能真心接纳自己的孩子，才有力量去打败挫折。年轻人必须先知道自己是谁，了解自己的能力不会因为失败而消失，才能拥有强大的抗挫能力。

很多孩子之所以被失败打败，就是因为他们对自己没有一个正确的认识，一次失败后就彻底否定了自己。无论是因为学习成绩不好而非放弃生命的孩子，还是因为与同学关系不好导致抑郁的孩子，都没有认识到自己除了学习和人际关系外，还有其他重要的价值。

那么孩子们是如何学会接纳自己的呢？孩子主要通过父母给他们的反馈来进行自我定位。孩子在小的时候，都是一张白纸，父母就是一面镜子，只有通过镜子，他们才能认识自己。

我读中学的时候，有两个非常要好的朋友。她们的家庭条件都不是很好。我们那时候课间有供应点心，费用是自愿交的，全班超过三分之二的孩子都交了点心费。我们班甚至有个孩子，从来不吃点心，每次都把点心扔掉，但他也交了这个费用。因为他妈妈说，如果不交，怕别人误会家里穷，让孩子自卑。

而我那两个朋友，都没交点心费。只不过朋友甲总是说学校的点心不干净，她妈不让吃。朋友乙却是一副无所谓的样子。我有时候胃口不好，就把点心给她，她也乐呵呵地接过来，一边往嘴里塞一边谢谢我。

朋友甲随时都是一副苦瓜脸，总是垂头丧气的。她的口头禅就是"完了，完了！"每次考完试，她都说："完了，完了，这次没考好。"其实每次成绩下来，她都挺不错的。她的排名一般都在第三到第五名的样子。

有一次，甲物理考砸了，卷子交上去后，她的脸色就很不好，一个劲儿地说"完了完了"。我们也没在意，因为她平时都这么说。成绩发下来她竟真的考了不及格。这对于她是个挺大的打击。甲当场就号啕大哭，物理老师安慰她也不管用。班主任怕她出事，就让我放学送她回家。

甲的妈妈我之前就见过，比她还要苦瓜脸，一开口就让人觉得气压特别低。我送她到家后，刚出门，就听见她妈在屋里骂："没用的东西，考不及格？我这点工资供你读书容易吗？你怎么有脸考不及格？"我都被吓到了。

跟甲的性格刚好相反，乙非常乐观、阳光。她的成绩虽然一般，但我们都很喜欢她。她的口头禅是："没事。"考试没考好，"没事"；跑步摔了一跤，"没事"；值日生同伴有事先回家了，她要干两个人的活儿，"没事"。

我经常去乙家玩。乙的妈妈是个很温柔的人。她为了方便照顾家里，选择了在街道工作。她家里总是收拾地干干净净的，她妈妈每次见到乙都高兴地眉飞色舞："因因回来了啊！"然后乙就亲热地扑了过去。无论乙拿回什么样的成绩，她妈妈都笑眯眯地说，"下次加油哦。"

甲乙两个人的家庭教育对她们的性格影响特别大，连带她们对事物的看法也两极分化的严重。甲只要稍微有哪里没做好，就会全盘否定自己。在我印象里，甲几乎每个月都会因为各种原因哭一回。这是因为甲的妈妈每次都会因为没考好之类的事情而全盘否定她。而乙面对挫折，态度一直都是"没事，失败了下次努力就好了。"这同样是因为乙的妈妈给了她充足的爱，无论她考试成绩如何，各方面表现好还是不好，乙的妈妈都能完全接纳她。

父母怎么对待孩子，孩子就如何对待自己。父母习惯了打压或打击孩子，孩子遇到挫折的时候，就会全盘否定自己，从而花费大量的时间精力与负面情绪作斗争。父母对孩子无条件的接纳，多给孩子鼓励和打气，孩子遇到挫折的时候，就不会自己跟自己较劲，而是把所有的精力都放在解决问题，克服困难上。

☀ 父母以身作则，教会孩子处理情绪

孩子能不能成为阳光自信、遇到挫折就勇敢克服的人，与父母对孩子的言传身教有直接关系。

首先，父母不要经常对孩子倾诉负面情绪。

一些父母会把孩子当成倾诉对象，什么负面情绪都向孩子倾诉。比如，有的父母喜欢跟孩子哭穷，告诉孩子："我们家穷，你要节约。"有的父母喜欢向孩子诉苦，诉说自己为了孩子做了多少牺牲。

孩子就像一张白纸，任何负面情绪都很容易对他们的心灵造成沉重的负担。小孩子对事实分辨能力不强，

但是他们对情绪的感知十分敏锐。成年人的一句随口抱怨会让孩子感受到千钧重担。因此父母要多给孩子灌输正能量，尽量不要向孩子倾诉负面情绪。

其次，父母要尽量控制好自己的情绪，不要经常在孩子面前情绪失控。

父母也是人，也会遇到挫折。父母在遇到挫折的时候如何应对，对孩子来说就是一本教科书。

有的父母喜欢在家抱怨工作如何不顺利，领导如何刁难自己。还有的父母在公司里受了气，回家对孩子发泄，这些孩子都能感受到的。

在教育纪录片《中国少年的故事》中，有个来自北京海淀的男孩，名叫严若愚。他的父母平时非常尊重孩子，经常认真倾听孩子的意见。

有一次，若愚的妈妈下班回家，一身疲累，又发现若愚作业没有完成，便有些生气。刚好爸爸也有因为工作上的事情有点急躁，也说了若愚两句。

若愚平静而缓慢地说："你们回家前要考虑一下。我们每个人身上带了一个瓶子，用来装负面的情绪。

你们在外面工作的时候，会因为各种各样的事，让你们情绪不好，你们的负面情绪会把瓶子装满。当你们到家看到我有任何一点不好时，这个情绪就会流出来，最后就发泄到我身上了。所以你们回家前，能不能把瓶子清空一下。

或者你们带两个瓶子，把在外面受到的情绪放在一个瓶子里，那个瓶子的情绪不能影响你回家后的情绪。"

若愚的父母很惊讶，没想到孩子小小年纪能说出这么有哲理的话，两人也虚心地接受了若愚的建议。

孩子对情绪的感知是很敏锐的，他们处理情绪的方式直接受到了父母的影响。若愚的父母平时对他一直很尊重，处理情绪的方式也相对比较理智。所以孩子在感受到父母把负面情绪投射到自己身上的时候，就会第一时间提出来。

父母怎么处理情绪，孩子都会看在眼里，有样学样。而一个人控制情绪的方式，决定了他对待挫折的态度。

☀ 父母要多肯定孩子

父母就像一面镜子，孩子是从镜子里认识自己的。父母经常肯定孩子，鼓励孩子。孩子就会变得更自信，更加接纳自己。当孩子遇到挫折的时候，就不会轻易降低他们的自我价值，这样的孩子更有勇气面对挫折，克服困难。

辩论类综艺节目《奇葩说》冠军，哈佛大学法学硕士，贵州女孩詹青云从小学读到高中，经历了六次转学。每转到一个新的学校，她的学习成绩都是垫底。有老师当着詹青云的面告诉她妈妈："这孩子将来连高中都考不上，趁早送进技校吧。"詹青云的妈妈没有斥责她，而是始终给予她支持和信任。

詹青云小学的时候，拿到考试成绩就难过。妈妈笑着说："别急，妈妈能掐会算，我算过了，你到了四年级，就会变成好学生了！"

到了四年级，詹青云的成绩依然不佳。妈妈笑眯眯地鼓励她："不急，妈妈重新算过了，你变成好学生的时间就在初一。"

一直到高一，詹青云的成绩才真正有了起色。

正是有了妈妈始终如一的支持，詹青云才会从一个成绩排名倒数的学生，成了一名优等生，一路从香港大学读到哈佛大学法学院。

"良言一句三冬暖，恶语伤人六月寒。"父母相信孩子能行，孩子才更有自信。哪怕一时学习成绩落后，也一定能迎头赶上。相反，如果詹青云的父母因为她成绩不佳，就对她横加指责，或许她早早失去了自信，反而做不到逆袭。

最后，当孩子面对挫折的时候，父母不要越俎代庖，更不要对孩子横加指责。

当孩子面对挫折的时候，父母要做孩子的支持者。

当孩子遇到挫折的时候，父母不要急着帮孩子解决问题，这不仅不会锻炼孩子的受挫能力，还会让孩子养成依赖的恶习。更糟糕的是，父母如果经常这么做，孩子会习惯性地认为"我就是不行。"

当孩子受挫时，父母首先要接纳孩子的负面情绪。当负面情绪有了出口之后，孩子就能集中精力解决问题了。

父母如果能长期坚持这么做，孩子的逆商一定会得到提高，人生也一定会达到想象不到的高度。